FLAMIN' HOT

RICHARD P. MONTAÑEZ

CON MIM EICHLER RIVAS
TRADUCCIÓN DE ALEJANDRA RAMOS

FLAMIN' HOT

LA INCREÍBLE HISTORIA REAL DE UN HOMBRE
QUE ASCENDIÓ DE CONSERJE A EJECUTIVO

conecta

Penguin
Random House
Grupo Editorial

Título original: *Flamin' Hot*
Primera edición: agosto de 2021

© 2021, Richard P. Montañez
© 2021, Penguin Random House Grupo Editorial USA, LLC
8950 SW 74th Court, Suite 2010
Miami, FL 33156

Traducción: Alejandra Ramos
Adaptación de la cubierta original de Jennifer Heuer: PRHGE

Impreso en México - *Printed in Mexico*

ISBN: 978-1-644-73432-2

10 9 8 7 6 5 4 3 2 1

DEDICO ESTE LIBRO CON MUCHO CARIÑO:

A mi esposa, mi madre y mi abuela, quienes fueron las primeras en probarme que, cuando Dios creó a la mujer, estaba alardeando.

A mi padre y mi abuelo, quienes me explicaron desde el principio que eso de ser "simplemente un conserje" no existe.

Al pastor Ernie Hernández y a los muchos héroes soslayados que he conocido en mi vida.

A mi equipo de Rancho Cucamonga Research and Development: Judy, Lucky, Steven, Mike. Esta historia es también su historia.

Índice

Deja que el hambre sea tu guía

¿De qué universidad se graduó?", me preguntó alguien hace varios años en la fase de preguntas y respuestas de una charla sobre emprendimiento que acababa de dar.

Me quedé paralizado porque en aquel tiempo casi no hablaba de mi humilde origen y porque, cuando me invitaron a dar una conferencia como parte de un prestigioso programa de estudios vinculado a una renombrada universidad de la Ivy League, no tenía planes de hacerlo. Casi todos los conferencistas que se presentaron antes que yo en aquella escuela de negocios habían sido directores ejecutivos de empresas de la lista Fortune 500 o eran profesores renombrados con antecedentes impresionantes. Sí, claro, yo ascendí por el escalafón corporativo de Frito-Lay hasta llegar a ser vicepresidente y estar a cargo de mi propia división en PepsiCo, la empresa matriz, pero en realidad no había llegado ni a la preparatoria, y mucho menos a la universidad. A pesar de que para ese momento ya era yo más o menos conocido como el "Padrino de la mercadotecnia hispana", muy poca gente estaba enterada de que empecé como conserje o sabía algo respecto a la verdadera historia de cómo inventé los *Cheetos Flamin' Hot*: una marca de botanas que genera miles de millones de dólares y que, además de ser la que más gusta a los consumidores, llegó a ser la de mayores ventas en el planeta. ¿Cómo debería responder? Pensé rápido y decidí usar el nombre del municipio al sur de California donde nací y crecí.

—Me gradué de la Universidad de Guasti —contesté con una sonrisa.

El estudiante me miró con escepticismo e insistió en indagar. Me preguntó si ahí también me habían otorgado mi título de doctorado, o PhD, en inglés.

—No exactamente —contesté y luego le expliqué que la vida era la que me había otorgado el título de PhD: ¡Pobre, Hambriento y Decidido!

Entonces todos se rieron, incluso el estudiante que cuestionó mis antecedentes académicos. Era un comentario que yo ya había hecho en otras situaciones y que usualmente provocaba la risa del público, ¡porque era cierto!

Al percibir el ánimo de la gente, pensé: *Pues, ¿por qué no?*, y comencé a narrar mi historia. Destaqué las lecciones aprendidas, los secretos y los consejos prácticos que revolucionaron mi carrera y transformaron el porvenir de mi familia y de la corporación que me había contratado. Hice énfasis en el hecho de que, cuando eliges pensar como ejecutivo y actuar como dueño, las ideas ardientes incendian tu imaginación y te pueden ayudar a pasar de la pobreza a la prosperidad de la noche a la mañana.

Ahora todos me estaban prestando atención.

—¿Y cómo haces eso? —me preguntaron con especial interés.

—Aprendes a aumentar la intensidad de tus poderes de observación. Así es como se revelan las oportunidades ocultas. ¿Y saben qué?, solo se necesita una gran revelación para que el proceso se transforme en una revolución.

Al principio los estudiantes de maestría se mostraron incrédulos. Parecía que los principios del éxito que me llevaron de la zona más pobre del gueto de habla hispana, del barrio hasta la sala de juntas del consejo directivo, no era lo que usualmente se enseñaba en las maestrías de negocios típicas.

Algunos de sus comentarios me recordaron la manera en que reaccionaban mis colegas, los gerentes y otras personas en puestos superiores de Frito-Lay cada vez que me atrevía a romper la cadena de mando para presentarles mis ideas más recientes a los altos ejecutivos y a las personas con poder de decisión.

—¿Cómo superó los obstáculos? —me preguntó una de las estudiantes sentada al fondo—. ¿No se sentía intimidado?

Aquella chica acababa de hacer una pregunta excelente que, articulada de una u otra manera, ya me han hecho muchas otras personas que se enfrentan a obstáculos reales y que tienen miedo porque no saben cómo hacerse cargo de su propio destino. Es muy fácil sentirse intimidado. Tal vez solo estés tratando de tener un buen desempeño en tu primer empleo de tiempo completo, pero tu gerente es una persona gruñona que no tiene la menor intención de convertirse en tu mentor. ¿Hacia dónde dirigirte? ¿Qué haces en esa situación? También es posible que estés tratando de iniciarte en la industria de tus sueños, pero no conozcas a nadie capaz de presentarte a alguien que te abra una puerta. En ese caso, ¿cómo te cuelas? ¿O qué tal si ya llevas mucho tiempo en el mismo lugar y deseas cambiar de carrera, pero te da temor la competencia a la que tendrás que enfrentarte? ¿Y qué tal ese miedo a que los colegas, jefes o clientes piensen que no tienes autoridad en tu área porque careces de los antecedentes necesarios o porque no tienes el linaje adecuado?

El primer paso para superar esos obstáculos consiste en reunir el valor necesario para enfrentar tus temores.

—¿Intimidado? ¿Estás bromeando? —le dije a la estudiante que me preguntó si había tenido miedo—. ¡Pero por supuesto!

Afortunadamente, conocía un antídoto para el miedo. Fue algo que descubrí cuando tenía ocho años y vivía del lado incorrecto de las vías del tren. *Literalmente*. A lo largo de Rancho Cucamonga, en California, corrían vías férreas. Rancho Cucamonga era un barrio adyacente a Guasti, un municipio que fue construido justo en medio de un viñedo en expansión. A la gente que vivía al *sur* de las vías se le clasificaba como *verdaderamente* pobre. En esa zona estaba el campo de trabajo donde mis padres labraban la tierra y donde crecimos mis nueve hermanos y yo, hacinados en una sola habitación, en un edificio tipo dormitorio. La gente que se encontraba al norte de las vías todavía pertenecía al mismo barrio, pero al parecer a ellos les resultaba ligeramente más sencillo proveer a sus familias de alimento y un techo para resguardarse.

Cuando llegué a los ocho años ya tenía edad suficiente para percibir los prejuicios que conllevaba el hecho de tener la piel morena y de pertenecer al estrato económico más bajo. En aquel tiempo me parecía que una de las mayores injusticias era que los maestros tuvieran dos programas de lectura para después de clases: uno para los estudiantes blancos y otro para los morenos. Además, a los estudiantes que se presentaban los martes y que se formaban para recibir los beneficios adicionales de la lectura, algunos de los maestros les ofrecían galletas como recompensa.

¿A qué niño de ocho años no le gustan las galletas? Desafortunadamente, no a todos nos daban. ¿Por qué? Porque cuando las autoridades del departamento de educación diseñaron el programa, establecieron dos tráileres y dos filas distintas: una para los chicos latinos y otra para los no-latinos. En la fila de los latinos, a nadie le tocaba recompensa. Y a nadie se le daban explicaciones. Era un asunto del que nadie hablaba. Yo solo escuché el rumor de que en el otro tráiler había galletas. Todos los martes, cuando nos formábamos para leer, a mí me dolía el estómago, sentía un hueco. Porque además de los espasmos por hambre con los que ya estaba familiarizado, también me dolía la injusticia de que me dijeran: *Esta es tu fila. Fórmate ahí.*

Un martes, ya no pude soportarlo. Olvidé momentáneamente todos mis temores, abandoné mi fila y caminé hasta la de los niños blancos. En cuanto empecé a avanzar mis amigos me miraron como si estuviera loco de remate.

—Richard, ¡estás en la fila equivocada!

—¿Qué te pasa?

—¿Estás loco?

Para ellos, aquello era una misión suicida. Era obvio que alguien me iba a dar una paliza por salirme de mi fila, pero no me importó; tenía que averiguar si los rumores eran ciertos. De alguna manera, la idea de comer una deliciosa galleta me hizo olvidar el miedo a ser castigado. Minutos después me asomé al tráiler y alcancé a ver una imagen maravillosa. No solo había unas cuantas galletas, ¡había vasijas repletas!

Mis amigos, atemorizados, me vieron llegar al punto del que no podría regresar. Estaba decidido a convencer a esas agradables señoras blancas de que estaba ansioso por aprender a leer, así que entré al tráiler y mis amigos me perdieron de vista.

Media hora después, salí de ahí con un libro de bolsillo bajo el brazo. Cuando mis amigos terminaron su clase, después de esperar formados en la fila que les habían asignado, corrieron ansiosos hasta donde yo estaba para que les contara lo terrible que fue la paliza. Yo me encogí de hombros y les dije que no me habían castigado. De hecho, "¡Miren!", exclamé, mostrándoles el contenido de mis bolsillos. ¡Las maestras los habían llenado de galletas para todos nosotros!

Ese día me convertí en un héroe para mis amigos, pero lo más importante es que aprendí una perdurable lección sobre evitar quedarse estancado en la fila que alguien más elige para ti. Como les dije a aquellos estudiantes de maestría y como lo vuelvo a explicar cada vez que hablo con cualquier tipo de público: "En algún lugar ya hay dispuesto un plato de galletas que fueron horneadas especialmente para ti. Tu labor consiste en salirte de la fila que no te está llevando a ningún lugar y formarte en *tu* fila para obtener galletas".

Tu hambre es algo más que un simple antídoto contra el miedo. Tu hambre también puede imbuirte la energía necesaria para salir de la fila de la pobreza e ir a formarte en la de la prosperidad. Tú puedes abandonar esa fila del empleo sin perspectivas a futuro y formarte en la del liderazgo ejecutivo. Tú puedes dejar la fila de la gente sin preparación académica y formarte en la de la gente con estudios. Tú puedes dejar esa fila en la que nadie reconoce tu potencial y formarte en la de las oportunidades para progresar. Si no cuentas con las habilidades o la experiencia necesarias para formarte en la fila donde deseas estar, si te hacen falta contactos, dinero u oportunidades que te abran las puertas, pues entérate de que este libro fue escrito para ofrecerte las estrategias y el cambio de mentalidad que te ayudarán a conseguir lo que te hace falta. Incluso si cuentas con la experiencia y los recursos, pero estás en una fila que no te permite avanzar; o si estás buscando una fila distinta que te inspire a explorar la grandeza que hay en ti, aquí encontrarás algunos consejos que tienen como objetivo inspirarte, motivarte y recordarte cuál es tu verdadero destino.

No tiene nada de malo admitir que no estás donde te gustaría estar o que te sientes hambriento, incluso si lo único que necesitas es un poco de orientación por parte de alguien que ya logró en su vida algo que deseas aplicar en la tuya. Muchos tienen el intenso deseo de recibir consejos creíbles: es algo que le he escuchado decir a la gente en muchos lugares y en las distintas etapas de su ascenso. Esta gama de preguntas recurrentes va de: "¿Y cómo podría siquiera obtener un empleo en medio de esta economía?" y "En mi empresa te contratan para un puesto y esperan que te quedes ahí para siempre, a nadie lo ascienden, ¿debería renunciar?", a: "¿Cuál es la mejor manera de encontrar un mentor en el trabajo?" y "¿Cómo puedo tener una idea innovadora y multimillonaria, y persuadir a mis jefes de que me permitan explicarla?". O incluso: "¿Qué se necesita para convertirte en emprendedor y establecer tus propias condiciones para progresar?" y "¿Cuáles son las políticas específicas que les permiten a los ejecutivos empoderar a los empleados y los gerentes de las primeras líneas para que hagan algo más que solamente marcar la hora de entrada y salida en su tarjeta?".

En los capítulos siguientes se encuentran las repuestas a estas y otras preguntas. La historia de cómo recorrí el largo camino desde el cuartito de las escobas del conserje en la planta baja hasta la suite para los altos ejecutivos también puede ser tu historia. Este libro te mostrará cómo lograrlo.

Puedes iniciar tu viaje haciendo que tu hambre trabaje a tu favor para superar tus miedos. Hay algo mucho mejor que esperar al otro lado de esos muros: hay soluciones que puedes proponer para problemas cotidianos; ideas y oportunidades que puedes crear. En cuanto yo acepté la premisa de que mi destino estaba en mis manos, las ruedas comenzaron a moverse: primero en mi mente y luego en la realidad.

Estoy profundamente convencido de que, a pesar de que no todos nacimos siendo exitosos, todos nacimos para alcanzar el éxito. La prueba está en una estrategia que ha superado la prueba del tiempo y del ajetreo, la cual me enorgullece compartir con un sabor y voz propios, y que espero logre poner de cabeza algunas de las ideas convencionales respecto al trabajo. Pues, ¿por qué unirse al carnaval colectivo si tú puedes organizar tu propia fiesta? Mi invitación está abierta para todos: desde los conserjes hasta los directores ejecutivos. En mi barrio, todos son bienvenidos. Si estás listo para organizar una revolución en tu vida; si te fascinan las historias de pobres que llegaron a ser millonarios o de negocios en general; si deseas entender mejor los conceptos de *branding*, diversidad y mercadotecnia, así como el nuevo paradigma del empleado empoderado, estas lecciones son para ti. Las enseñanzas de liderazgo y espíritu empresarial se pueden aplicar de manera universal: no importa si eres empleado de primera línea, ejecutivo de alto nivel o si ocupas cualquier otro cargo intermedio.

Permite que tu hambre te guíe y ve qué tan lejos puedes llegar. ¡Tus propias revelaciones tipo *flamin' hot* te están esperando!

Flamin' Hot

1

¡Estás que ardes!

Las revelaciones pueden surgir en los lugares menos esperados. Pueden, por ejemplo, surgir en los pasillos de compras de un supermercado en South Ontario, California, el barrio más hispano de la zona. South Ontario se ubica junto al corredor I-10, en una franja agrícola/industrial conocida como Inland Empire. Una revelación puede incluso darse en la imaginación de un conserje, es decir, alguien de quien casi nadie esperaría un gran destello de inspiración.

Para cuando cumplí veintiocho años, ya llevaba nueve formando parte del equipo de conserjes de Frito-Lay. También había jugueteado un poco con ciertas ideas y trabajitos alternativos que esperaba me ayudaran a incrementar mi tan precario ingreso familiar. Mi cochera estaba repleta de objetos que probaban lo mucho que me había esforzado en desarrollar un producto original. Incluso obtuvimos ciertos ingresos gracias a que vendimos de puerta en puerta la salsa y las tortillas caseras que preparaba Judy, mi esposa.

En mi opinión, las botanas siempre han sido parte esencial de una buena vida. Déjame decirte algo: no hay nada como comer Cheetos, Fritos o Doritos acabados de salir de la línea de fabricación. Es como comer pan recién salido del horno de la panadería. Las frituras están todavía tibias y, si se cocinaron de la manera adecuada, la frescura puede ser casi perfecta. La famosa frase del multicitado anuncio de hace muchos años, "¡A que no puedes comer solo una!", no era solo un despliegue publicitario.

Prácticamente, yo tenía en mi ADN todo el proceso de producción de frituras y alimentos. Como durante mi infancia en Guasti había un viñedo en mi jardín trasero —casualmente, a una distancia caminable de Frito-Lay—, pude observar las temporadas de siembra, desarrollo y cosecha. También conocí la historia de emprendimiento del fundador del municipio, un inmigrante italiano llamado Secondo Guasti. Guasti llegó a Estados Unidos en el siglo diecinueve con solamente unos esquejes de vid. Cuando se enteró de que alguien vendía una parcela casi regalada, fue a inspeccionarla e hizo lo que hacen los visionarios: *vio lo que nadie más había notado*. La tierra que encontró en la parcela le recordaba a su hogar, era perfecta para un viñedo. Guasti se imaginó todo lo que podría crear a partir de casi nada. Eso es una revelación. Él y su esposa no solo sembraron uvas y establecieron una bodega, también construyeron viviendas, una tienda, una oficina postal y una iglesia para sus trabajadores. ¡Eso es una revolución!

Mis padres, mis abuelos y otros parientes llegaron a Guasti en la década de los cincuenta. Eran agricultores migrantes en una época en la que la demanda de mano de obra barata y no calificada se disparó hasta el cielo. Mis antecesores también se imaginaron una vida mejor, si no para ellos, por lo menos para sus hijos y sus nietos. Como estadounidense de primera generación, yo nunca perdí esa sensación de orgullo que me daba el hecho de que el intenso trabajo de mi familia hubiera llevado alimentos y vino a las mesas de otras familias. Es cierto que vivíamos hacinados, pero lo aprovechábamos al máximo, en especial durante la cena, cuando nuestra familia se reunía en el comedor central con otros trabajadores agrícolas y sus niños. La comida era muy sencilla pero abundante y llena de sabor. Aunque creo que éramos una de las familias más pobres del área, cuando yo era niño nos veían como "pobres divertidos".

No obstante, una vez que crecí, me casé y tuve que alimentar y vestir a una familia propia, las preocupaciones económicas ya no eran divertidas. Para nada. Afortunadamente, a mis veintiocho años había logrado tener un empleo estable como conserje, y había aprendido lo suficiente para ayudar en la línea de producción cuando había turnos extra disponibles. Para principios de los noventa, sin embargo, la mayoría de los gerentes de planta y los trabajadores de la primera línea de las instalaciones de Frito-Lay en Rancho Cucamonga se dio cuenta de que la industria de las botanas saladas se encontraba en problemas.

Incluso las ventas de nuestras marcas más populares se habían venido abajo. Usualmente, los trabajadores ordinarios como yo no recibíamos los reportes de ventas, pero percibíamos su efecto. Nos cortaban horas, por ejemplo. Es posible que ya sepas lo atemorizante que puede ser esto. Es algo que sabe cualquier persona que haya enfrentado un revés de la economía, lo cual incluye las recesiones del pasado y, en especial, la desastrosa factura que nos está pasando la reciente pandemia mundial. A lo largo de toda la jerarquía corporativa de Frito-Lay había una sensación de temor. Los trabajadores que usualmente registraban turnos de cuarenta horas a la semana, los vieron descender a treinta, luego a veintiocho, y así sucesivamente. Yo solo pensaba en la manera de generar más horas para mí y para mis compañeros.

Luego vi un memorable video que nos fue enviado desde las oficinas centrales, en Dallas, Texas. Lo había hecho Roger Enrico, quien en ese tiempo estaba ascendiendo al puesto de director ejecutivo de PepsiCo. Para resolver el problema del desplome de las ventas, en lugar de recurrir a expertos externos o de consultar exclusivamente a sus científicos de los alimentos, el carismático y realista ejecutivo decidió empoderar a todos los empleados de Frito-Lay. En el video explicaba que quería que todas las personas que trabajaban para la empresa actuaran como dueños.

Era como si Roger Enrico se estuviera dirigiendo a mí específicamente; o, al menos, eso me pareció. Las ventas se habían desplomado y todos necesitábamos más trabajo, por lo que era lógico que buscáramos un nuevo producto o promoción para cambiar la situación general, y entre antes lo encontráramos, mejor. Mis compañeros de trabajo y yo estábamos hambrientos. Nuestras familias también. Como nos pagaban por hora, no éramos asalariados, así que cualquier caída en nuestros ingresos nos causaba dificultades: no podíamos pagar el alquiler ni la factura del teléfono, la mensualidad del automóvil u otros servicios más importantes. Una cosa es que tú tengas que apretarte el cinturón, pero ver a tus hijos crecer sin que sus necesidades básicas sean satisfechas es brutal.

El punto de quiebre llegó cuando mis turnos recibieron un golpe más y se redujeron a veinticuatro horas a la semana. En la planta había una atmósfera de desesperanza, una sensación de impotencia. Por primera vez desde que fui padre y empleado de una corporación, tuve que hacer algo que había temido todos esos años: solicitar cupones para alimentos. Ese acto iba en contra de la resolución que había tomado de no regresar jamás a la situación que viví en mi infancia: depender de la asistencia del gobierno. Cuando me convertí en padre prometí no volver a vivir de esa manera nunca más ni permitir que mis hijos crecieran de la forma en que yo lo hice. De repente, el ciclo generacional de la pobreza del que me había empeñado en escapar nos arrastró de nuevo a una situación de mera supervivencia.

Cuando el desastre económico nos abate, con frecuencia nuestro primer instinto es el de sobrevivir, pero yo estaba a punto de aprender que no solamente tenemos la opción de escapar del desastre, sino incluso de prosperar a pesar de él. La lección que me esperaba más adelante era que la prosperidad siempre está del otro lado de la pobreza.

Tal vez por eso el mensaje en video de Roger Enrico encendió mi imaginación de esa manera. Él estaba buscando soluciones y yo también. Si pudiera presentar una idea en la que valiera la pena invertir, eso nos daría más horas. El problema, sin embargo, era que mi conocimiento de nuestro negocio se limitaba al aspecto productivo. En cuanto el producto salía de nuestra planta, yo ya no tenía idea de qué pasaba con él.

En busca de respuestas, decidí pegármele a uno de los conductores de ruta. Al llegar a cada parada, nuestra labor consistía en desempacar las cajas y acomodar las bolsas de las distintas frituras en los exhibidores de ventas. Claro que no era física nuclear, pero la experiencia me dio una perspectiva completamente nueva de la importancia del empacado y la presentación.

Nuestra última parada era Ontario Ranch, una gran tienda de abarrotes o *supermercado*, como se le conoce en la comunidad latina. Irónicamente, se trababa del mismo comercio donde mi esposa y yo hacíamos nuestras compras de forma regular. Estábamos a punto de irnos, y de pronto me encontré mirando la sección junto a las frituras. Ahí estaban exhibidas todas las especies populares entre los consumidores hispanos: chile en polvo, comino, orégano seco en bolsas grandes, chiles secos de distintas variedades y grados de picor (desde el más ligero hasta el que te quema la boca y no aparece en las gráficas), paprika, pimienta de Cayena, cebolla y ajo en polvo, así como especias mezcladas provenientes directamente de México.

El exhibidor de especias había estado ahí todo ese tiempo. En muchas ocasiones yo había pasado junto a él o, incluso, tomado artículos del mismo. En esta ocasión, sin embargo, fue algo distinto lo que captó mi atención mientras miraba todas las especias y sabores que me recordaban la riqueza de mi cultura y de nuestra cocina. Al final del pasillo, del otro lado, estaba el exhibidor con todas nuestras marcas de botanas Frito-Lay. Ninguna de ellas ofrecía especias con un sabor auténtico para la gente de ahí, de mi comunidad.

Entonces abrí los ojos como platos. Era imposible no ver el contraste. Ahí comprendí todo: había llegado el momento de hacer una fritura ardiente, ¡picante de verdad!

Un caluroso y polvoriento domingo, unos siete días después, mi familia y yo regresamos a Ontario Ranch para hacer nuestras compras de la semana. Como de costumbre, Judy y yo, acompañados de los niños —Lucky (Richard Jr.) de once años; Steven, de seis; y nuestro bebé Mike, que no había cumplido un año aún— nos dispusimos a cumplir con toda una lista de mandados que pensábamos abordar como si se tratara de una aventura de un día completo. Porque, incluso si se trataba de hacer trabajo serio, me parecía que podíamos convertirlo en diversión. ¿O qué más puedes hacer con tu día libre?

Cuando salimos de la tienda nos pegó el calor seco, pero el viento que descendía desde la parte superior de las montañas hacia el valle nos refrescó. Había algo en el aire, como una especie de emoción, pero también de estrés. El problema económico apretaba cada vez más. Como en la planta seguían recortando horas, me preguntaba cuánto tiempo podría soportar antes de tener que buscar un segundo empleo. Ninguno de los trabajos alternativos de la familia Montañez había prosperado, y esa conocida sensación de hambre comenzaba a provocarme un nudo en el estómago.

Esa mañana, cuando salimos, nos sentimos tentados por el delicioso aroma de la mantequilla derretida y el maíz rostizado de la mazorca. Nuestro vendedor favorito estaba junto a la puerta del supermercado. José, el hombre de los elotes, solía estar al frente los fines de semana sin importar que hubiera un sol abrasador, que los días fueran más fríos y nublados, que soplaran los vientos de Santa Ana, ni que hubiera llegado la temporada de lluvias.

Ese era su negocio. Una operación legítima que le pertenecía por completo. En el ámbito de los elotes más ricos y frescos ensartados en un palo de madera, José era poseedor del ciento por ciento de la participación del mercado (aunque yo aún no sabía lo que era eso). Solo vendía elotes, y había convertido su oficio en un arte. Si se lo pedías, José añadía más mantequilla, sal o pimienta, o también queso blanco rayado (cotija), chile piquín, hojas de cilantro fresco, jugo de limón, salsa normal o salsa picante u otros condimentos.

Ahora bien, una de las mayores ventajas del supermercado Ontario Ranch era que el dueño me conocía y, cuando hacía mis compras, siempre me cambiaba mi cheque de Frito-Lay por efectivo para que yo pudiera contar con algunos dólares extra en el bolsillo (en aquellos tiempos de pobreza en el gueto yo no tenía cuenta bancaria). Cuando salíamos del supermercado, le indicaba a José nuestra orden con tres dedos: dos elotes completos para mis muchachos mayores y uno más que Judy y yo compartíamos, y del que le podíamos dar algunas mordidas al bebé. Y entonces tuve una epifanía.

Ay, por Dios... Miré el elote y pensé: *¡Por supuesto! Parece un Cheeto. Bueno, sí, un Cheeto picante.* La pregunta en mi mente se transformó de inmediato en palabras.

—Judy —le dije—, ¿qué pasaría si le pusiera chile a un Cheeto?

Judy no se rio. Me miró de cerca y dijo:

—Lo primero que harás mañana por la mañana será ir a la planta y traer a casa Cheetos sin queso. Todos los que puedas.

Irónicamente, el hecho de que Frito-Lay hubiera recortado poco antes tantos turnos me facilitó la tarea. Cada vez que se interrumpía el proceso de aplicación del sazonador, quedaban algunos Cheetos al natural que teníamos que tirar. Si se acumulaban, los colocábamos en unos tubos blancos con tapa durante un par de horas y luego los tirábamos a la basura. Debido a la reducción de turnos, las porciones separadas se encontraban en un lugar donde también había más producto sin usar y sin sazonar. Así que hice lo que me indicó mi esposa: llené una enorme bolsa de basura con Cheetos sin polvo de queso y la llevé a casa.

Ese día y toda la semana siguiente trabajamos en familia. Establecimos una línea de ensamblaje en nuestra casita rentada que, poco después, ya lucía como laboratorio de científico loco, como la cocina de un chef renombrado y como el área de empaquetado de Santa Claus y sus duendes. Judy y yo experimentamos con varias versiones de su salsa de chile. Era una salsa que incluía chiles picantes y otros ingredientes como jitomates, vinagre e incluso azúcar. En cuanto sentimos que la cantidad de picor y sazón era la correcta, y que la consistencia era lo que buscábamos —distinta a la salsa, pero no como el platillo tradicional llamado *chili* que es, en sí, una comida— estuvimos listos para poner a prueba el mezclador casero que yo había diseñado y que parecía una bolsa de plástico para rostizar pavo. Tuvimos que trabajar en dos etapas. Primero aplicamos la salsa de chile y nos aseguramos de que el maíz que ya estaba frito y había estallado no se aguara demasiado. Después cubrimos los Cheetos al natural con polvo de queso y nos aseguramos de distribuirlo perfectamente en toda la superficie de la fritura.

Los chicos, Judy y yo éramos más hábiles que cualquier científico de los alimentos. Los primeros lotes quedaron muy blandos e insípidos. Entonces aumentamos la cantidad de salsa de chile y quedaron demasiado húmedos: el queso no se adhería. Seguimos experimentando un poco más. Ya teníamos toda una serie de reacciones de toda la familia, los chicos, mi esposa y yo: "Demasiado pastosos", "Demasiado picantes", "No están terribles, pero les hace falta algo".

De pronto se nos encendió el foco. Nos faltaba el ingrediente mágico: ¡aceite! El aceite, elíxir dorado de la preparación de todas las botanas, actuaría como conductor y nos permitiría lograr la absorción correcta. Entonces tomé un atomizador casero, lo llené de aceite y cubrí los Cheetos, luego apliqué la salsa de chile de la misma manera. Por último, después de secarlos un poco, los colocamos en nuestra mezcladora casera con el polvo de queso.

También mejoramos el método de la mezcladora ajustando la velocidad y la presión. Si el movimiento era demasiado lento, las capas no se mantenían; si la mezcladora se agitaba demasiado, los Cheetos se rompían y solo nos quedaban trozos. Después de mucho probar, logramos el equilibrio perfecto.

En cuanto saqué aquel primer Cheeto de la mezcladora todos nos dimos cuenta de que habíamos dado en el blanco. "Lo logramos", anuncié a todo pulmón. No lo comimos. Ese color rojo como de motor incendiándose no era lo que yo había imaginado, pero me empezó a agradar conforme fuimos refinando el proceso, repitiendo los pasos y probando las porciones. Estábamos extasiados. Ver a nuestro prototipo cobrar vida, ¡fue casi como presenciar el nacimiento de otro miembro de la familia!

Esa noche, antes de irnos a dormir, preparamos varias bolsas Ziploc que decidimos compartir discretamente con algunos amigos y compañeros de trabajo. La respuesta fue abrumadora. A una de las personas le parecieron un éxito monumental, y resultaron tan adictivos que la siguiente pregunta que todos hicieron fue: "¿Dónde consigo más?". Nadie podía comer solo uno, ¡y estamos hablando de una cantidad de picante bastante elevada! Un amigo comentó: "Estos Cheetos sí que pican, ¡están que arden! *Flamin' hot!*". De ahí surgió el nombre y se le quedó: Cheetos Flamin' Hot.

No tenía yo idea de cuánta ira y rechazo recibiría de parte de mis jefes inmediatos y superiores —"¿Que hiciste qué? ¿Le pusiste chile a un Cheeto? ¡Qué sacrilegio!"—, pero me parecía que había llegado el momento de que una luz verde oficial me permitiera seguir avanzado.

Mucha gente que no sabía nada sobre protocolos corporativos me recomendó con insistencia: "Tienes que llamar al director ejecutivo".

Pero en la jerarquía corporativa de aquel tiempo, solamente los ejecutivos de más alto nivel tendrían alguna razón para llamarle de manera directa al director ejecutivo de la empresa matriz. Si no formabas parte de ese grupo y lo llamabas, estabas rompiendo la cadena de mando. Así funcionaban las cosas. Sin embargo, de acuerdo con mi razonamiento, en su video el director ejecutivo me había hecho un llamado directo, a mí y a los otros empleados, y nos había dicho que nos comportáramos como dueños. ¿Acaso no sería adecuado responderle directamente y presentarle mi gran idea? Además, si no actuaba en ese momento y le hacía saber a alguien con poder de decisión que esa solución en verdad podría marcar la diferencia para nuestra área, dentro de poco todos estaríamos desempleados.

Siguiendo esa lógica y permitiendo que mi hambre me guiara, me aventuré. Estaba sumamente nervioso y tenía demasiadas cosas en contra, pero rompí la cadena de mando e hice la llamada. Fue una situación difícil que me hizo sentir como si tuviera ocho años de nuevo, como si otra vez me negara a permanecer en la fila que otros me habían asignado y a renunciar sin antes haberme formado en la fila de las galletas.

—Oficina de Roger Enrico —dijo la mujer que respondió mi llamada. Era su indispensable asistente ejecutiva. Más adelante me enteraría de que también era una visionaria por derecho propio—. Habla Patti —añadió.

—Patti, me gustaría hablar con el director ejecutivo, el señor Enrico.

—¿Se puede saber quién le llama?

—Soy Richard Montañez, de Frito-Lay.

—Buenas tardes, Richard. Creo que no había hablado antes con usted. ¿Es el vicepresidente? —preguntó Patti. Insisto: los únicos ejecutivos que podían llamar al director eran los que le reportaban de manera directa; incluso un vicepresidente tendría que dejar que el presidente de la división fuera quien llamara al director de una corporación de grandes dimensiones.

—No, yo trabajo en el sur de California.

—Ah —dijo. Sonaba como si estuviera hojeando un directorio—. ¿Es el vicepresidente en el sur de California?

—No, trabajo en una planta —le expliqué.

Patti se disculpó por haber dado por hecho mi puesto y me preguntó si lo que le había querido decir era que mi puesto era vicepresidente de operaciones.

—No —contesté, tratando de mantener un tono animado—. Trabajo en la planta.

Patti hizo una pausa y me preguntó:

—¿A qué se refiere?

—Bueno, soy MG —con eso prácticamente le dije todo porque MG significaba mantenimiento general. Me pidió que le repitiera la información—. Soy MG. Soy el conserje.

Hubo un silencio apabullante que duró varios segundos. El aire se podía cortar. Finalmente Patti rompió el silencio y dijo:

—Ah, voy a tener que averiguar dónde se encuentra el señor Enrico, pero no estoy segura de que pueda atender su llamada. ¿Me puede explicar de qué se trata? —preguntó. ¿Pero qué podía yo decirle? Lo único que se me ocurrió fue hablar con la verdad.

—Por supuesto, Patti. Eh, yo... tengo una idea. Una buena idea. Quisiera compartirla con el señor Enrico.

De nuevo se produjo un silencio de varios segundos, pero finalmente dijo:

—Espere un momento, Richard. Permítame localizar al señor Enrico. Deme un par de minutos, quédese ahí. Voy a conectarlo con él.

—No hay problema, espero —respondí—. Gracias.

Patti regresó dos minutos después y dijo:

—Gracias por esperar, Richard, tengo en la línea a Roger.

No dijo "el señor Enrico", sino "Roger". ¡Vaya!

Cuando tomó la llamada, Roger Enrico me hizo sentir cómodo y tranquilo.

—Richard, ¿cómo está usted? Me dicen que tiene una

idea.

—Así es —Fui directo al grano y le dije que había desarrollado un prototipo de botana que había tenido buena respuesta. Roger sonó impresionado.

—Richard —continuó—. Me da gusto que haya llamado. ¿Sabe qué? Me gustaría ver lo que tiene en sus manos. En persona. ¿Qué le parece si voy a la planta en dos semanas? Será una prioridad.

De acuerdo con todos los testimonios a lo largo de su legendaria carrera, Roger Enrico fue un visionario. Él podía ver lo que otros no. Reconoció que había algo de valor en mí. No vio simplemente a un hombre que trapeaba pisos: vio mi potencial.

Cuando colgué el teléfono estaba mareado por el shock y la emoción. Mi revelación era ahora una prioridad. La revolución había comenzado.

🔥

¿SABÍA YO QUE LOS CHEETOS FLAMIN' HOT SE CONVERTIRÍAN EN LA BOTANA NÚMERO UNO de todo el mundo, que desplazarían a varios productos más y que generarían miles de millones de dólares al año? De ninguna manera. ¿Fue un camino fácil? Absolutamente no. Pero en el fondo de mi corazón sabía que estaba haciendo algo más que solo crear un producto nuevo. Sabía que esa idea demencial serviría para crear un puente y permitir a la gente acercarse y probar algo distinto, algo que les gustara.

¿Una botana picante cocinada en la imaginación de un conserje realmente podría unir a gente de distintos orígenes? Aunque no tenía pruebas de que eso fuera factible, la posibilidad me dio una sensación de orgullo y de propósito que me serviría para superar los desafíos, los obstáculos y todas las vicisitudes que estaban por venir. Si bien tuve la fortuna de encontrar a varios mentores que me dieron discretamente sus consejos, también tuve que enfrentar la violencia de las traperas puñaladas corporativas, incluso la ocasión en la que nuestro más importante científico de alimentos envió un memorándum al departamento de Ventas y Mercadotecnia para ordenarles que eliminaran el nuevo producto antes de que llegara a los anaqueles de las tiendas. En varias ocasiones me enfrenté a un racismo rampante, expresado implícita y explícitamente. No solo tuve que recurrir a lecciones aprendidas anteriormente en mi vida; también me vi forzado a luchar con uñas y dientes para hacerle llegar al público los Cheetos Flamin' Hot y otras marcas que inventé posteriormente. Tuve que desarrollar una estrategia de mercadotecnia tipo guerrilla que implicaba usar mi propio dinero y visitar, acompañado de mi familia, más de cien tienditas locales y pequeños supermercados en todos los barrios del este de Los Ángeles, para comprar sus inventarios y provocar que las órdenes subsecuentes fueran mayores.

Antes de siquiera crear los Cheetos Flamin' Hot tuve que examinar de manera consciente mis logros anteriores y las lecciones aprendidas. Entre todo eso se encontraban ideas más modestas para otros productos, innovaciones y mejoras que más adelante le ahorrarían a la corporación decenas de miles de dólares. Durante mi permanencia en la empresa, la cual culminó cuando me convertí en el primer mexicano-estadounidense en ser ascendido a un puesto ejecutivo en PepsiCo, siempre confié en el poder de las grandes ideas. Incluso cuando el sistema se esforzaba en abatirme (¡y vaya que se esforzaba!), siempre conservé la fe en las grandes ideas y en las soluciones prácticas y probadas. Eso fue lo que me ayudó a encontrar las oportunidades para avanzar, oportunidades que ni siquiera mis jefes veían. En pocas palabras, convertí el acto de pasar por puertas cerradas en todo un arte.

En realidad, a nadie "se le ocurre" su idea más importante y temeraria. En mi opinión, lo que sucede es que, por medio de la revelación, llegamos a cobrar conciencia de algo. Por eso, cuando la idea surge en tu cabeza como el típico foco que se enciende, sientes que estás viendo algo que ha estado ahí todo el tiempo, algo que *no habías visto* ni tú ni nadie más. Y entonces te preguntas, *¿cómo es posible que no se me ocurriera antes? ¿Cómo no lo vi?*

Lo único que necesitas para sacudir tu mundo es un sutil cambio en tu manera de pensar.

Hay maneras muy sencillas de cambiar tu mentalidad. Puedes, por ejemplo, refrescar la manera en que entiendes ciertas palabras, como *idea* y *visión*. En repetidas ocasiones, en las muchas etapas de mi éxito, noté que las palabras que usaba tenían la capacidad de modificar el comportamiento o de influir en él. Esto me llevó a pensar tan profundamente en su significado y su origen, que desarrollé una fascinación por las etimologías y me hice el hábito de meditar todas las mañanas sobre una palabra en especial.

Uno de mis descubrimientos favoritos es el del origen de la palabra *idea* que viene del latín de finales del siglo catorce y quiere decir "arquetipo, concepto de una cosa en la mente de Dios". Antes de eso podemos encontrar también un verbo derivado de la palabra griega *idein*, que significa "ver". A partir de 1610, la palabra *idea* (del griego *ennoia*) fue definida como "imagen o pintura mental", o concepto de algo que necesita hacerse y que es distinto a lo que se observa.[1]

Lo anterior nos inspira a considerar la posibilidad de que las ideas que nos revelamos a nosotros mismos ya existen como concepto en lo que algunos llamarían "la mente de Dios" y, otros, "la mente del Universo". Todo esto nos indica que cuando elegimos recurrir a nuestra imaginación en busca de ideas para hacer las cosas de una manera ligeramente distinta, esos conceptos ya llevan algún tiempo esperando que los encontremos. Aunque una idea no se haya "materializado" aún, de todas formas es perceptible en nuestra visión interna bajo la forma de una imagen o pintura mental.

El siguiente paso tras convencerme de que cualquier persona era capaz de tener una revelación ambiciosa o modesta, fue usar el poder de la *visión* de una manera nueva o distinta. En el siglo trece, la palabra *visión* quería decir "algo visto en la imaginación o en lo sobrenatural". Para el siglo veinte, más allá de "el acto de ver" o de "objeto que es visto", la palabra *visión* empezó a usarse para describir una cualidad de liderazgo que evoca la noción de sabiduría y de contar con la "previsión de estadista".[2]

Cuando te permitas imaginar un mejor futuro, tu visión te mostrará el camino a ese destino asombroso. Cuando aceptes el poder de la visión, verás que tu futuro

---

[1] *Online Etymology Dictionary, s.v.* "idea" <www.etymonline.com/word/idea>. (Diccionario etimológico en línea consultable en inglés exclusivamente.)

[2] *Online Etymology Dictionary, s.v.* "visión" <www.etymonline.com/word/vision>. (Diccionario etimológico en línea consultable en inglés exclusivamente.)

no está afuera, frente a ti, *sino en ti mismo*.

El verdadero secreto para lograr tracción con las ideas más candentes radica en entender que lo más importante no es la visión sino el visionario.

En cuanto empieces a comprender que *tú* eres lo que arde, la magia sucederá y los otros se darán cuenta. Algunos gravitarán hacia ti y querrán disfrutar de tu llama. Otros sentirán celos y resentimiento, y quizá quieran obstaculizar tu destino.

Hace algunos años, me cuestioné si realmente era posible superar las adversidades y alcanzar el sueño estadounidense. Acepto que es triste, pero como mucha de la gente que creció en un barrio o que enfrenta batallas todos los días, yo alguna vez creí que solo unos cuantos afortunados lograban tener ideas capaces de generar tracción.

Pues bien, te aseguro que estaba equivocado y, como vengo del gueto, rara vez admito estarlo. Incluso ahora, muchos saben que cada vez que alguien cuestiona mi opinión lo suficiente, me nace decir: "A ver, ¡vamos allá afuera a arreglar esto!". Por suerte, en las pocas ocasiones que eso ha sucedido, Judy, que creció en el mismo pueblo en el sur de California que yo, me ayuda a mantenerme tranquilo.

—Richard —me recuerda—, no olvides que hemos progresado mucho desde que vivíamos en el barrio.

Así es, y como todo buen hombre sabe, nuestras esposas siempre tienen la razón. Judy y yo hemos progresado mucho, así que, aunque siga perteneciendo al gueto, gracias a las lecciones que he tenido la bendición de recibir y compartir con otros, ¡ahora soy el millonario del gueto!

Pero resulta que, efectivamente, las cosas buenas

provienen del barrio.

Tu riqueza te está esperando de la misma manera que a mí me esperaba la mía. Yo estoy aquí para ayudarte a revelarte ante ti mismo, para infundirte el voltaje que te ayudará a encender el interruptor o tu llama. No importa dónde hayas crecido, qué edad tengas, cuáles sean tus orígenes o antecedentes, ni qué puesto ocupes actualmente: incluso en los tiempos más lóbregos y difíciles tendrás la oportunidad de alcanzar *tu propio* sueño estadounidense.

Para este libro elegí las diez lecciones más importantes para lograr tus sueños. Son las lecciones que tuve la bendición de aprender a lo largo de una multifacética y exitosísima carrera que, francamente, casi nadie más creyó posible.

Estas lecciones han sido tomadas de mi historia personal, pero también de las experiencias de los mentores que me han motivado y de las historias de personas a quienes he guiado. Su objetivo, en conjunto, es brindarte las herramientas necesarias para pensar como empresario y para actuar como el dueño de tu propio destino. Mi meta es empoderarte con el conocimiento, con el *know-how* que te permitirá crear oportunidades para ser increíblemente exitoso y prosperar dondequiera que te encuentres, en cualquier rincón del mundo. A lo largo del libro examinaremos los recursos que se mencionan a continuación. Además de ser indispensables, estos recursos te permitirán desarrollar un plan de acción personalizado para alcanzar el éxito:

* **Los crepitantes dones de tu imaginación** y cómo encender la chispa de tus propias *ideas* innovadoras usando tu *visión* para percibir lo que nadie más ha

visto.

* **Tu sobrecargada capacidad de *iniciativa*** y cómo aplicarla para entender las necesidades de la empresa que te contrató —incluso si esto no forma parte de las obligaciones de tu puesto— y para impresionar a tus superiores, tus posibles empleadores y a ti mismo.

* **El arte de practicar el "futuro tú"** a través del fomento de la *capacidad* y la *excelencia*, y cómo pedir prestadas ocasionalmente estrategias que les han funcionado a otras personas cuya trayectoria te inspira.

* **El hábito de saber cuándo actuar y cuándo no** respecto a una *oportunidad* ardiente, así como la manera de evitar que te roben tu destino.

* **La inesperada ventaja** que te da estudiar la forma en que los *emprendedores* más exitosos se atrevieron a ser ridículos, ya sea porque iniciaron una actividad laboral alternativa o una *start-up*, o porque encontraron la manera de ascender por la cadena de mando.

* **El siempre útil método de empoderamiento "¿Y si...? ¿Y entonces qué sigue?"**, el cual marcará la diferencia entre tú y la competencia, y te ayudará a enfrentar los riesgos.

* **Un *auténtico* enfoque narrativo que podrás desarrollar** y usar para exponer exitosamente tu idea en una sala de juntas llena de personas con poder de decisión, y la explicación de por qué no necesitas influir sobre toda la gente, sino solo sobre las personas correctas.

* **Tus talentos desaprovechados y cómo usarlos para enfrentar a la competencia** por medio de una *estrategia* que te permita ponerte por encima de los resentidos y, de ser necesario, un plan de juego

totalmente nuevo que nadie se espere.

* **Tu propio camino al liderazgo** y los pasos que puedes dar para comunicarte como un profesional, conectarte con otros y con el mercado para *electrizarlos*, independientemente de si vas a defender tus ideas, reinventar tu carrera o dirigir una empresa propia.

* **La verdadera grandeza que ya se encuentra en ti** y que surgirá a medida que vayas forjando tu camino sin necesidad de pedir permiso para vivir tu vida con *confianza*, alegría y propósito. Incluso en momentos en que necesites "confiar hasta lograrlo".

Muchas de las lecciones que compartiré me mostraron el camino hacia recursos que no sabía que se encontraban en mi interior, así como ya se encuentran también en ti: son gratuitos y están a la espera de que los uses. Debes saber que no solo tienes lo que se necesita para ser más exitoso de lo que imaginas, también tienes la materia prima de tus propias ideas ardientes. Tus propios recursos de inspiración están ahí para ti, a tu alcance o un poco más allá, en tu línea de visión o poco después.

🔥

ESE DÍA, DESPUÉS DE QUE LLAMÉ A ROGER ENRICO, MIS GERENTES pusieron el grito en el cielo. Estaban fuera de sí: "¿Quién permitió que el conserje le llamara al director ejecutivo? ¡No te pagamos para que inventes productos nuevos!".

Pero su opinión no importaba, lo esencial era que mis hijos me miraron desde una perspectiva diferente y empezaron a alardear: "Ah, ¡mi papá es genial!". Mucho antes de los ascensos en el trabajo, de la atención recibida o de otras cosas, ya me decían: "Papá, vas a ser alguien muy importante".

Para ellos, lo verdaderamente ardiente, lo *flamin' hot*, era yo. De hecho, todo lo que no había podido ser antes me ayudaría ahora a ser todo en lo que me convertiría.

Si no conoces los alcances de tu llama, permíteme encender tu fuego. El mejor momento para comenzar es ahora. A cualquier persona que crea que se tiene que empezar desde abajo y subir afianzándose con las garras, le diría: "Yo no comencé desde abajo sino desde el principio".

Ahí es donde daremos inicio, desde *el principio*. Así que empecemos. ¡Vámonos!

2

Actúa como dueño: curso introductorio

ay incontables razones por las que tal vez sientas que estás estancado en un empleo que no te lleva a ninguna parte, o incluso que el sistema se empeña en impedirte el paso, y muchas de esas razones son legítimas. Hubo ocasiones en las que tal vez competiste por un ascenso y te esforzaste al máximo, pero no te tomaron en cuenta por algo y el puesto se lo otorgaron a alguien que no lo merecía tanto como tú, alguien mejor conectado. Quizá trataste de desarrollar ideas creativas que no recibieron la atención o la consideración que merecían. Posiblemente no funcionaron y dudaste en volver a probarlas.

Si conoces a alguien que se siente frustrado o estancado, o si esa persona eres tú, ¡no te desesperes! Hay una solución básica que puede modificar tu perspectiva y los resultados de tu esfuerzo, prácticamente de la noche a la mañana.

El hecho es que tienes más poder del que imaginas para cambiar tu situación. En cuanto implementes en tu trabajo el tipo de acciones que hacen los dueños, podrás activar ese poder. Tal vez requieras algo de práctica, pero nunca es demasiado tarde para aprender las bases de lo que yo llamo "Actúa como dueño: curso introductorio".

Hay tres lecciones esenciales que quiero compartir contigo para que salgas del estancamiento y empieces a actuar como dueño. (1) Debes saber que todo lo que *no* fuiste en el pasado te ayudará a convertirte, en el futuro, en todo lo que siempre debiste ser. (2) Enorgullécete de todo lo que hagas, incluso de las tareas más insignificantes o menores, e incluye tu nombre en todo lo que realices. (3) Conviértete en una estrella de rock de la *iniciativa*.

Quizá te preguntes en este momento por qué si las bases son tan simples, solamente algunas personas han descifrado la manera de aplicar los secretos de actuar como dueño. Esto sucede principalmente porque les permitimos a otros definir nuestro destino. Lo sé por experiencia personal, porque alguna vez fui como esa gente que se queja de que nadie le da un respiro o una oportunidad.

Creo que algunas de las experiencias que describiré a continuación te sonarán familiares. Te sugiero que pienses en tu pasado y examines el impacto de las mismas como lo haré aquí. Tú, como yo, podrías sorprenderte al ver que para poder avanzar a tu futuro, a veces primero tienes que regresar a lecciones anteriores y volver a aprender lo que olvidaste o lo que no captaste en el pasado.

TOMANDO EN CUENTA LAS ESTADÍSTICAS, A LOS DIECINUEVE AÑOS MI FUTURO NO LUCÍA MUY promisorio. Solo había estudiado formalmente hasta el sexto grado, tenía antecedentes en el sistema judicial juvenil y la reputación de alguien que se relacionaba con personas indeseables. Si alguien hubiera tenido que apostarle a la posibilidad de que yo terminara siendo ejecutivo de una corporación, emprendedor, asesor de negocios, filántropo, autor y conferencista internacional, habría tenido que arriesgarse a apostar a posibilidades muy, muy remotas.

Para cuando iba a salir de la escuela primaria, parecía que el mundo ya me había definido. No había nada que me hiciera creer que estaba destinado a alcanzar el éxito. No contaba con grandes ambiciones ni talentos. Tampoco había un área importante de conocimientos que me interesara.

Claro, tenía una pasión: el béisbol. Siempre me podías encontrar en los lugares del barrio donde se podía jugar, y no lo hacía mal, pero como no contaba con el equipo adecuado y tampoco tenía entrenamiento ni alguien que me motivara, era solo un jugador promedio. Nunca fui el primero en ser elegido para alguno de los equipos.

Desafortunadamente, en la escuela tampoco pude destacar.

Crecí en una época de un racismo evidente y a una edad temprana recibí el mensaje de que la sociedad no valoraría a un niño moreno, hijo de una familia de agricultores migrantes. En realidad, mi padre era un hombre increíblemente talentoso, que podía reparar cualquier cosa: máquinas, automóviles, lo que fuera. Creo que con algo de estímulo y entrenamiento habría llegado a ser un artista, arquitecto o contratista exitoso. Podía dibujar y luego construir cualquier cosa que le describieran. En algún momento llegó a tener un exitoso negocio de reparación de automóviles, pero no supo manejar el aspecto monetario y lo perdió todo. Mi madre era una luchadora y hacía lo que fuera necesario para ayudar a alimentar a su familia. Cuando pienso en su *iniciativa* —palabra que desconocí durante mucho tiempo—, me siento continuamente agradecido porque, además de todo el esfuerzo común de cocinar, limpiar, criarnos y trabajar en el campo, siempre encontró maneras de aumentar nuestros ingresos haciendo malabares con sus empleos alternativos.

Siempre me sentí demasiado consciente respecto a mi comunidad y mi cultura porque éramos pobres y morenos, y porque hablábamos otro idioma. Eso se tradujo en ansiedad, algo que muchos tienen que enfrentar incluso actualmente. Tengo, por ejemplo, el vívido recuerdo de haber llorado a los seis años cuando mi madre, muy orgullosa, me preparó para el primer día de escuela. Esa semana nos notificaron que yo formaría parte del grupo de ocho niños de la comunidad de agricultores migrantes de Guasti elegidos para asistir en autobús a una escuela que atendía a casi todas las familias blancas. Mi madre trató de tranquilizarme. Sin andarse por las ramas, como era su costumbre, empezó a fastidiarme:

—Mi bebé llorón, ¿por qué lloras?

Porque no quería ir a *esa* escuela, le expliqué. Ahí todos hablaban inglés. Lo que en realidad quería decir era: *¿Cómo puedes enviarme a una escuela donde todos hablan un idioma que yo no?* No era correcto. No era justo.

Mi madre se encogió de hombros.

—Es la ley, tienes que ir a esa escuela.

Mi tío favorito nos llevó a mí y a los otros niños a la parada del autobús en la esquina y yo seguí quejándome a todo pulmón.

—Deja de quejarte, estás molestando a los otros —me dijo mi tío. Justo en ese momento escuchamos un chirrido y vimos un reluciente autobús amarillo. A medida que se fue acercando, más resignado me sentí a abordarlo.

Pero, espera un minuto. En ese instante... *zuum*, ahí va el autobús amarillo. ¡No se detuvo! Ni siquiera aminoró la marcha. Imagínanos a los ocho chiquillos, ¡ninguno podía ocultar la sonrisa!

Mi tío se veía desconcertado. Como yo era un bocón, le expliqué:

—Ya sé lo que pasó, hoy se celebra una fiesta mexicana, ¡y no tenemos que ir a la escuela!

—Muy gracioso —dijo, pero no me creyó ni por un instante, ni siquiera porque mis amigos no dejaban de vitorear.

Mi tío seguía tratando de evitar que celebráramos cuando de repente escuchamos un fuerte *bang* y un *¡pop, pop, pop!* Era el sonido de un ruidoso motor que no dejaba de toser. Cuando volteamos, vimos el autobús más feo que te puedas imaginar. Y ni siquiera era amarillo, sino verde como una sopa de arvejas. En cuanto vi que empezaba a detenerse comprendí que tendríamos que abordarlo.

¡Qué espantoso autobús! ¿Qué habíamos hecho para que nos hicieran viajar en él? Si teníamos que ir a la escuela, ¿por qué no podíamos viajar en el autobús amarillo como los otros niños? ¿Como los niños blancos?

Pasé años encolerizado por el hecho de que los poderes existentes —quien quiera que los conformara— me hubieran menospreciado. Mi gran choque con el sistema se produjo poco después cuando una de nuestras maestras nos pidió que hiciéramos un dibujo con crayolas. La escuela no nos había suministrado estuches personales, así que yo llevé unas crayolas gratuitas que conseguí en el campamento de trabajadores migrantes. Todas estaban rotas en trocitos y faltaban muchos colores. Cuando la maestra caminó por el salón para admirar los dibujos de brillantes colores que habían hecho mis compañeros, se detuvo frente a mí y, al ver el mío, sacudió la cabeza en un gesto desaprobatorio.

¿Cuál era el problema? De hecho, yo no pintaba tan mal, a mi dibujo solo le hacían falta colores. Evidentemente, se trataba de las crayolas.

Esa situación me hizo sentir sumamente estúpido. ¡Era injusto!

¿Qué podía hacer? Como solo tenía ocho años caminé hasta un pequeño supermercado que estaba cerca del campamento y robé la caja más grande de crayolas que encontré en el pasillo. Uno de los empleados me sorprendió tomando el estuche y, aunque le supliqué que me perdonara, me entregó al dueño, un hombre blanco. Este pudo solo hacerme una advertencia y dejarme ir, pero supongo que pensó que, siendo el dueño blanco de una tienda de barrio que les vendía a mexicanos, lo mejor sería llamar a la policía y ponerme como ejemplo.

Los policías aparecieron en cuestión de minutos, me pusieron unas esposas y me metieron a la parte trasera de la patrulla. Ni el dueño de la tienda ni el gerente mostraron arrepentimiento alguno. De hecho me prohibieron volver a entrar a la tienda. Irónicamente, cuatro décadas después pasé por el mini supermercado y miré a través de la ventana. Vi un exhibidor desbordante de Cheetos Flamin' Hot: una de las marcas más vendidas de la tienda y, posiblemente, lo que hizo que los clientes siguieran regresando ahí por años.

El incidente de las crayolas me hizo sentir impotente. Mientras les daba a los policías mi dirección empecé a orar en silencio y a pedir que nadie estuviera afuera de los dormitorios, pero no tuve suerte. Todavía no era hora de la cena, pero ya comenzaba a oscurecer. Cuando nos acercamos vi a un grupo de mujeres platicando afuera, a punto de entrar a cenar. Entre ellas estaba mi mamá. La expresión de su rostro al ver a los policías sacarme de la patrulla me inundó de vergüenza y arrepentimiento.

Mi madre se disculpó en español y les prometió a los oficiales que no volvería a suceder. Y no sucedió en mucho tiempo porque yo no quería volver a ver esa expresión en sus ojos. La vida mejoró para mi familia cuando nos mudamos a una casita de setenta y cinco metros cuadrados que construyó mi padre, y pasamos de ser pobres polvorientos a ser solo pobres. Desafortunadamente, los maestros en mi siguiente escuela, al otro lado —el mejor lado— de las vías, ¡resultaron aún peores! Me clasificaron como chico con problemas de aprendizaje y fui asignado a los grupos para niños lentos. De hecho, yo tenía una forma de dislexia que nadie había identificado, y por eso no me enseñaron a ver las palabras y las letras de la forma correcta. Evidentemente, me aburría y estaba resentido todo el tiempo.

Mi rebeldía empezó a manifestarse seriamente poco después, en especial a partir de que mi familia volvió a sufrir un revés económico. Aunque perdimos la casa y tuvimos que regresar al lado equivocado de las vías, mis padres se negaron a permitir que ese contratiempo nos definiera. Volvieron directamente a los campos de siembra y a cualquier otra cosa que pudieran aceptar como trabajo alternativo. Cuando tenía doce años y medio comprendí que si quería hacerme cargo de mi propio destino e impedir que el mundo me definiera, tendría que dejar la escuela y empezar a trabajar de tiempo completo a partir de ese momento.

Por las mañanas, en la zona sur de South Ontario, los hombres de entre treinta y cuarenta años se reunían en ciertas esquinas a esperar que el trabajo llegara. La gente de los negocios locales que requerían empleados se acercaba al lugar en camionetas, y los migrantes que negociaban más rápido podían abordarlas e ir a trabajar un día completo. A veces me tocaba trabajar en los campos, pero en otras ocasiones terminaba formando parte de un equipo de jardinería. Con el pago de 1.60 dólares por hora, ¡me sentía el rico del gueto!

Intenté regresar a la escuela un par de veces, pero estaba demasiado atrasado en relación con mi grupo. Los maestros me habían etiquetado por no asistir con regularidad y me trataban como causa perdida. Ya ni siquiera se molestaban en interesarme en los estudios o en ayudarme para que me pusiera al corriente. Además, ninguno enseñaba lo que más me interesaba: ¡botánica! Trabajar como jardinero me permitió aprender algunas cosas de los mayores, que eran verdaderos genios de la horticultura. Me enseñaron a comunicarme con las plantas y los árboles. A ellos no les molestaba que les hiciera demasiadas preguntas, y siempre me respondían con gusto. En ese momento no sabía que estaba aprendiendo una valiosa habilidad que después podría aplicar en cualquier empleo; el único problema, como me enteré más adelante, era que faltar tantas veces a clases era ilegal.

Esa fue la segunda vez que me arrestaron: por ausentismo escolar. Los siguientes tres meses, el cuerpo de policía y yo jugamos al gato y al ratón. Poco después me alcanzaron y terminé encerrado en un reformatorio. Ahora que lo veo en retrospectiva, soy el primero en aclarar que tomé malas decisiones, pero cuando vives en el barrio tampoco hay mucho de donde escoger: podías seguir en la escuela, que para mí no era una opción, o tomar la principal alternativa que implicaba unirme a una pandilla y vender drogas. Si esas son tus únicas dos opciones, lo más probable es que elijas la que te permita sobrevivir a corto plazo.

A veces he escuchado a la gente decir que si quieres ayudar a alguien, en lugar de darle pescado debes enseñarle a pescar, y aunque estoy de acuerdo con ello, creo que primero hay que alimentar a la gente. Si tú nunca has sufrido hambre, Dios te ha bendecido, pero francamente, mi actitud era: *necesito comer ahora.*

El tiempo que pasé en el reformatorio no fue suficiente para persuadirme de regresar a la escuela, pero me dejó claro que no podía permitir que me volvieran a encerrar por ser menor de edad y trabajar tiempo completo. La solución era conseguir un acta de nacimiento falsa que indicara que tenía dieciocho años en lugar de catorce. Así podría lanzarme al mundo solo.

Los siguientes años recibí capacitación laboral en situaciones reales de trabajo y conservé mi lugar a pesar de que mis compañeros eran hombres que me duplicaban la edad. Esta situación se repitió incontables veces: cuando trabajé como maquinista en una fábrica de refacciones, como asistente en un lavado de autos, en un matadero de pollos y en todos los empleos de corta duración que puedas imaginar.

Todo esto sucedió al mismo tiempo que me preparaba para la obtención de mi título universitario de supervivencia en las calles, sin mencionar que también recibí créditos adicionales por viajar como polizón en tren, por seguir metiéndome en dificultades —principalmente por peleonero—, por acampar bajo la luz de las estrellas en todo el suroeste y por vivir la versión latina de *Las aventuras de Tom Sawyer.*

Para cuando cumplí diecinueve años, Judy y yo ya habíamos formalizado nuestra relación, y de pronto nos encontramos con que, a pesar de seguir siendo unos niños, ahora éramos también los padres de un bebé de dos años. En ese momento por fin comprendí que seguir haciendo malabares con mis peculiares empleos no sería suficiente. Era obvio que necesitaba un trabajo regular, un camino que me permitiera avanzar de alguna manera.

La lección número uno —la más importante de la educación que recibí siendo niño— fue que mi futuro no estaba grabado en una piedra: todo lo que me pudiera suceder dependería de lo que yo mismo escribiera. Hasta ese momento me habían dado ciertas oportunidades y las arruiné o no las aproveché porque sentía que no era suficientemente bueno para realizar un trabajo aceptable. Pero entonces empecé a analizar los mensajes que había recibido de otras personas, y así fui aprendiendo a comportarme como dueño. Fue a través del entendimiento de una noción fundamental: todo lo que yo *no* había sido en el pasado me ayudaría ahora a centrarme en lo que necesitaba hacer para mejorar y para, tarde o temprano, convertirme en todo lo que se suponía que debía ser.

Con esa actitud esperanzadora, a pocos días de iniciar mi búsqueda de empleo me enteré, por cuestiones del destino, que tal vez Frito-Lay estaría contratando gente, y que para el puesto de conserje pagaban 3.10 dólares por hora más prestaciones. Creo que nunca anhelé nada tanto como obtener ese empleo. Era la oportunidad que tanto había esperado para poder cambiar mi legado.

Solo había un problema. Todos debían llenar una solicitud de empleo y en aquel tiempo yo difícilmente podía leer o escribir. Pensé rápido, tomé la hoja de solicitud y le prometí al gerente de Recursos Humanos que se la traería de vuelta lo antes posible. Fui a casa y ahí Judy se sentó a mi lado y me ayudó a llenarla. Respondimos con cuidado a cada una de las preguntas y ella fue anotando mis meditadas respuestas.

A la mañana siguiente, muy temprano y con una excelente actitud, le entregué la solicitud al gerente de Recursos Humanos, quien la miró y me preguntó:

—¿Usted llenó la solicitud?

Mi reacción instintiva fue reír y encogerme de hombros, lo cual podía ser interpretado como un sí o como un no.

—Mmm —masculló y luego añadió: tiene usted bonita letra.

Como podrás imaginar, desde entonces halago mucho la caligrafía de Judy.

La buena noticia es que obtuve el empleo y me permitieron comenzar ese mismo día, en el turno de la noche. La mala noticia es que me preocupaba mucho que investigaran mis antecedentes. En aquel tiempo, sin embargo, el Internet no era lo que es ahora y no mostraba mucha información a menos de que se tratara de algo verdaderamente malo. En cualquier caso, cuando me dijeron que fuera a la planta para cubrir mi primer turno, me sentí en la luna.

¡Conserje! Mi empleo soñado. ¡Era como si me acabaran de avisar que había sido aceptado en Harvard!

Irónicamente, muchos años después, cuando el entonces gobernador de California, Arnold Schwarzenegger, me invitó a participar en un consejo directivo de líderes de la industria, me preguntaron si había algo en mi pasado o en el de mis familiares que pudiera avergonzar al gobernador desde el punto de vista político. Por un instante bromeé y dije: "Bueno, ya saben, soy mexicano y todos tenemos un tío incómodo que...". Aunque no lo dije realmente, otra vez dudaba salir airoso de una investigación de antecedentes. Pero bueno, después de todo, tal vez no encuentren nada sobre tus familiares porque *tú* eres ese tío incómodo. Afortunadamente, me llamaron y me dijeron que no había surgido nada en la investigación y que podía participar en el consejo.

En cuanto el gerente de Recursos Humanos de Frito-Lay me indicó que debía presentarme esa misma noche a las once, corrí los cuatrocientos metros hasta el otro lado del camino para ver a mi papá y a mi abuelo, quienes estaban trabajando la tierra bajo el ardiente rayo del sol, y les di la noticia.

—¿Frito-Lay? ¿Conseguiste un empleo en la planta? —me preguntaron. Pasar de los campos de cultivo a la fábrica era algo muy importante para cualquier persona y, en el caso de la familia Montañez, era todo un logro.

Mi abuelo también estaba muy contento.

—¿Qué puesto te dieron? —me preguntó.

—Voy a ser el conserje —respondí.

Mi padre y mi abuelo se miraron con rostros inexpresivos como tratando de decidir quién debería hablar primero. Mi padre mostró respeto y permitió que su padre me diera un consejo que sigo respetando y obedeciendo hasta ahora.

Mi abuelo colocó suavemente su mano en mi hombro y me advirtió:

—Escúchame bien. Cada vez que trapees esos pisos asegúrate de que cuando la gente de la empresa los vea, cuando cualquiera los vea, sepa que fue un Montañez quien los trapeó.

Mi padre asintió al escuchar el consejo de mi abuelo.

Con esas palabras, ambos me dieron las bases de la lección número dos para actuar como dueño. Con el paso del tiempo aprendería que enorgullecerte de todo lo que haces —incluso las tareas más modestas o insignificantes, a las que también siempre deberás imprimirles tu nombre—, te permite convertirte en alguien valioso para tu empresa y para ti mismo.

Los dueños le imprimen su nombre a su labor. Los dueños respaldan sus productos y servicios, preservan su marca. A partir de aquel día, incluso las tareas más modestas las emprendí con orgullo y las realicé en honor de mis padres y mis abuelos, de mis hijos y de mis nietas y mis nietos. Hice todo por nuestro apellido porque el apellido no es la empresa que te contrata: tu apellido es tu legado.

Este fuerte cambio de mentalidad modificó por completo mi actitud. La tercera base para actuar como dueño estaba a la vuelta de la esquina y también cambiaría mi vida.

♨

DESPUÉS DE DOS SEMANAS DE REALIZAR MIS TAREAS CON ORGULLO —BARRER, trapear y pulir los pisos para que lucieran deslumbrantes—, entré confiado a la oficina de Jim, mi supervisor, quien me había llamado para hacer una evaluación. Jim era un robusto pelirrojo con unos bíceps colosales, producto de todas las horas que pasaba en el gimnasio después de trabajar. Él supervisaba las áreas de la planta que yo debía trapear y limpiar.

—Richard —me dijo sin mayor preámbulo—. Necesito despedirte.

Me pareció que no lo había escuchado bien. Mi conmoción debe haber sido evidente. Este empleo era mi futuro, la oportunidad de darle a mi familia un techo y de llevar alimentos a nuestra mesa. Esas dos semanas me había esforzado más que nunca, hice todo lo que me pidieron. Además, pasé todo el tiempo recordándome a mí mismo: *Richard, has arruinado todo en tu vida, ¡no lo hagas con este empleo!*

Tartamudeando, por fin pude preguntar:

—¿Es por alguna cosa que no hice bien?

—No —admitió Jim—. Es porque no muestras ninguna iniciativa.

No comprendí a lo que se refería con "iniciativa", pero me explicó que después de trapear el piso y limpiar las oficinas todavía me quedaban dos horas y, en lugar de *tomar la iniciativa* y hacer algo adicional, solo limpiaba todo de nuevo.

Me centré en ese último asunto que mencionó y le supliqué.

—Dame una oportunidad, Jim, un poco más de tiempo. Te voy a mostrar que tengo iniciativa.

Jim dijo que me daría dos semanas, pero francamente, parecía que ya había tomado una decisión.

Al llegar a casa traté de no llorar mientras le explicaba a Judy.

—¡Me dijo que no tenía iniciativa! —expliqué. En dos semanas, prácticamente había arruinado la única oportunidad de mi vida. Me sentía devastado—. ¿Acaso siempre voy a ser un imbécil? —le pregunté a mi esposa.

Entonces Judy y yo intentamos algo nuevo que en el futuro seguiríamos haciendo: fuimos a la biblioteca pública, tomamos un diccionario y buscamos el significado de la frase "tomar la *iniciativa*". Encontramos definición y ejemplos:

> Poder u oportunidad de llevar algo a cabo antes de que alguien más lo haga.

> Si quieres conocerla tendrás que **tomar la iniciativa** y presentarte tú mismo.

> La empresa tendrá la oportunidad de **tomar la iniciativa** si hace llegar sus productos al mercado antes que sus competidores.[3]

¿Qué? ¡Vaya, claro yo podía hacer eso! El hecho de que casi me hubieran despedido fue el jalón de orejas necesario para ir más allá. Todo cambió a partir de entonces. En mi siguiente turno hice mis tareas de costumbre, pero como todavía me quedaba tiempo cuando terminé, empecé a conocer la operación, a observar cómo funcionaba todo y a buscar maneras de limpiar en zonas de la planta que no pertenecían a mi lista de tareas regulares.

Las principales responsabilidades semanales de conserjería marcadas en mi horario incluían asegurarme de que las distintas áreas de trabajo —las zonas para comer,

---

[3] Merriam-Webster.com Dictionary, s.v. www.merriam-webster.com/dictionary/the%20initiative. (Diccionario en línea consultable en inglés exclusivamente).

las áreas de casilleros y los baños— estuvieran limpios y no implicaran riesgos de seguridad. En todos los casos tenía que sacar la basura del lugar y quitar lo que estorbara. En mi turno de la noche, durante la semana laboral, me dedicaba a limpiar las oficinas, los pasillos y la cafetería porque eran los espacios con mayor tráfico de gente en la planta. Claro, eso sin tomar en cuenta las áreas de producción donde están ubicadas las distintas líneas. Esas las aseaba los fines de semana, cuando la planta estaba cerrada y podía realizar un trabajo de limpieza mucho más profundo en la maquinaria para procesamiento de alimentos y en el equipo de seguridad. Teníamos mangueras de presión, baños de ácido y otras herramientas para una limpieza industrial de gran alcance.

Cuando empecé a usar el tiempo que me sobraba para buscar maneras de ayudar más, me sorprendió descubrir que las cinco marcas que se producían en nuestra planta se manejaban de manera distinta. Todas las noches corría a casa y le contaba a Judy mi descubrimiento más reciente:

* Los estándares de control de calidad en Frito-Lay eran tan altos que llegué a ver frituras rechazadas por defectos mínimos. "Lo que usted tire lo puedo poner en una bolsa y venderlo", le propuse más adelante a uno de los gerentes.
* Noté que cuando los suministros y los materiales comenzaban a disminuir en las distintas áreas de producción, los trabajadores remplazaban contenedores que no estaban realmente vacíos. Como no había un método sistemático para evitar que se produjera ese desperdicio, empecé a hacer algunas anotaciones

respecto a maneras de evitarlo. Nadie me dijo que lo hiciera, pero para mí eso era actuar como dueño.

* A pesar de que nuestros cinco productos —Fritos, Doritos, Tostitos, Cheetos y Funyuns— se fabricaban con maíz, el proceso y el equipo para cada tipo de fritura era muy distinto a los otros. Las máquinas de ciertas líneas solían descomponerse con más frecuencia que las otras, pero los trabajadores tenían que esperar a que viniera un especialista a repararlas, y la empresa perdía dinero cada vez que ellos dejaban de producir.

* El proceso de producción más complicado era el de los Cheetos. El maíz entraba a una matriz y el calor lo hacía estallar con la forma de la fritura. Era el proceso que requería más atención, pero los planes de trabajo no siempre lo tomaban en cuenta.

* En todos los turnos, los trabajadores tenían que trabajar en sincronía. Uno, por ejemplo, controlaba la preparación del maíz, otro se encargaba de la aplicación del sazonador y otros eran responsables de ir haciendo pasar los materiales. Dirigir esas líneas exigía precisión y concentración, se necesitaba un operador muy talentoso que pudiera controlar el proceso. Me pregunté cómo se identificarían esas habilidades en una persona.

Necesitaba satisfacer mi curiosidad y mostrar iniciativa, así que empecé a hacer preguntas. A veces, mi manera de preguntar incluso molestaba a los gerentes y a los trabajadores de primera línea. Tenía toda una gama de dudas:

* *Educativas*. Como quería aprender, era directo y solo decía: "¿Me puedes explicar cómo haces este trabajo?". En general, a mis compañeros les agradaba que les preguntara respecto a su amplia experiencia y conocimiento, y estaban dispuestos a mostrarme con detalle cómo se fabricaban las distintas frituras.
* *Operativas*. A veces hacía muchas preguntas que comenzaban con *por qué*. "¿Por qué algunos operadores programan sus cronómetros con parámetros más lentos que otros?". (Esto alentaba la productividad, pero evitaba contratiempos.) Aprendí que los detallitos que se presentaban en un área podían afectar a todas las demás. Usar mucho aceite, por ejemplo, no provocaba un problema de sabor o de frescura pero, en mi opinión, implicaba un costo innecesario. Por eso hice el cálculo de a cuánto nos salía por hora y, poco después, ¡ya estaba haciendo cálculos matemáticos de alto nivel! Los conceptos que en la escuela nunca logré comprender de pronto empezaron a parecerme lógicos. Aprendí a calcular cuántas freidoras se necesitaban para fabricar una determinada cantidad de frituras por minuto que nos permitiera seguir operando a máxima capacidad y satisfacer nuestras necesidades de producción.
* *Técnicas*. Cada vez que veía a alguien que realmente conocía su oficio, me le pegaba y le hacía preguntas sumamente técnicas y basadas en la ciencia: "¿ Por qué las frituras planas no son tan crujientes como las más rizadas?". Después de las preguntas de seguimiento, investigaba cómo se les daba a las frituras el rizado necesario para que salieran lo más crujientes posible. O la abolladura, como también le llamábamos

al rizado. Luego hacía más preguntas sobre por qué ciertos procesos implicaban el riesgo de que las frituras resultaran demasiado planas y, en consecuencia, no tan satisfactorias.

La iniciativa me inspiró a tener siempre a la mano una pluma y un cuadernito. Además de escribir las preguntas y las respuestas que me daban mis compañeros, también empecé a hacer cálculos de gastos de material y a anotar mis distintas observaciones sobre cómo manejar las líneas de manera más eficiente para ahorrarle dinero a la empresa. Creo que no hay una herramienta más útil en esta industria que actuar como el dueño y andar por ahí con una pluma y una libretita pasada de moda de la que te vuelves inseparable.

Poco después empecé a ser muy competente en los distintos puestos de producción. Cuando alguien necesitaba fumar un cigarro o tomarse un momento para ir al sanitario, yo me entrometía y dirigía su parte de la línea. Así logré sustituir a algunos compañeros en turnos completos. La productividad simplemente me fascinaba.

Cuando empecé a hacer esto, reflexioné y me di cuenta de que actuar como dueño no era tan simple. Tomar la iniciativa no implica exclusivamente hacer bien las tareas asignadas, también significa:

1. Comprender cómo funciona la operación completa. No solo para llevar a cabo tu trabajo, sino para entender el funcionamiento de los otros departamentos, la forma en que interactúan entre sí y la relación que tienen con el tuyo.
2. Hacer preguntas sin miedo a sonar estúpido.

3. Estar dispuesto a escuchar críticas y hacer los ajustes adecuados.
4. Responsabilizarte de averiguar lo que necesita llevarse a cabo y hacerlo.
5. Siempre hacer las pequeñas tareas de manera íntegra, incluso cuando nadie esté prestando atención.

Después de las primeras dos semanas que hice uso del poder de la iniciativa, Jim, el empleado de Recursos Humanos, me dijo que estaba impresionado y me dio luz verde para continuar trabajando como conserje de tiempo completo. También me halagó en la evaluación. Nunca olvidaré esa fuerte llamada de atención. Más adelante, cuando llegué a trabajar como ejecutivo y a involucrarme en el desarrollo del liderazgo, siempre animé a los gerentes y a los reclutadores de Recursos Humanos a explicarles a los nuevos empleados la importancia de mostrar iniciativa y de no tener miedo a hacer preguntas. Porque cuando contratas a alguien que solamente hace lo que le pides, en realidad te estás presionando más a ti mismo como dueño, jefe o ejecutivo, ya que tienes que recordar todo lo que necesitas que ese empleado haga por ti. En cambio, cuando el empleado toma la iniciativa, piensa en los objetivos y las necesidades de la situación, y los atiende antes de que se lo pidan, puedes estar seguro de que encontraste oro puro.

Desde el momento en que dominé los rudimentos para actuar como dueño, tuve las herramientas que me ayudaron a sentir que no estaba estancado a pesar de que no siempre me otorgaron el ascenso o las compensaciones que me habría gustado recibir.

Usualmente, tomar la iniciativa conlleva recompensas, pero a veces terminas inmiscuyéndote en el área de otros. Un ejemplo de ello es el proceso que me llevó a sentir que mi esfuerzo por fin había dado fruto: tenía en mis manos la fritura con la textura perfecta. Los fines de semana, en mi tiempo libre, había estado experimentando con distintos métodos para moler maíz con piedras después de humedecerlo con agua y jugo de limón, hacerlo pasar por un proceso de limpieza con chorro de agua y volver a humedecerlo hasta transformarlo en masa, es decir, en maíz machacado. Una vez que hicimos pasar la masa por la manguera y la inyectamos en una tina en la que dos enormes piedras la volvían a moler, pudimos ajustar el nivel de finura del molido acercando más las piedras entre sí. En teoría, entre más fina fuera la masa, más se abombaría al caer en la freidora. Pero si salía demasiado fina, como arena, la fritura quedaría muy plana, no crujiría adecuadamente y no tendría las satisfactorias características de las que sí se abombaban y hacían burbujas.

El proceso que utilicé sirvió para cocinar una fritura que, aunque era más delgada y ligera, seguía crujiendo. Encantado de ayudar, la envié al equipo de Investigación y Desarrollo, pero no les agradó la idea. Su respuesta fue: "Tiene razón, esto sabe genial, pero no coincide con nuestras especificaciones". De acuerdo con su razonamiento, yo no estaba cumpliendo con la calidad prestablecida. En otras palabras: *si no está descompuesto, no lo compongas.*

Mis frituras eran más crujientes, pero en su opinión "no tenían el nivel de calidad suficiente".

Mi respuesta fue: "¿Calidad? ¿Según el gusto de quién?".

Al parecer, no les agradó mi iniciativa. Así aprendí una lección: si la gente siente que estás invadiendo su terreno, no va a vitorearte.

La mayoría de las veces, sin embargo, vale mucho la pena estar preparado para ir más allá de las responsabilidades que nos corresponden.

Nunca olvidaré lo que sucedió unos dos años después de que empecé a trabajar en Frito-Lay, cuando llegó el momento de poner a prueba todo lo que había aprendido. Una noche llegué a la planta para trabajar y, mientras me ponía al tanto de la situación, escuché a uno de los gerentes quejarse porque su operador de la línea de Doritos no se había presentado para el siguiente turno de ocho horas. La línea tendría que permanecer apagada o el operador del turno anterior se vería obligado a quedarse a trabajar toda la noche. Ya le habían llamado a alguien para que se presentara de último momento, pero aparentemente no había ningún operador disponible para hacerse cargo y dirigir todo el proceso.

—Permítame hacerlo —le dije al gerente, quien no sabía que yo ya había cubierto a algunos de los operadores durante sus descansos.

Como la capacitación para dirigir toda la línea, es decir, para convertirse en especialista del proceso, tomaba mucho tiempo, su respuesta no fue la que yo esperaba.

—¡Estás loco! —me contestó el gerente, indicándome con un gesto que me alejara de ahí.

El nombre oficial de mi puesto era "portero", palabra que en la década de los setenta se usaba para denominar de una forma ligeramente más elegante al conserje o a un cuidador. Por esto, el gerente sabía que mis responsabilidades se limitaban a asegurarme de que las oficinas, los pasillos, la cafetería, la maquinaria para el procesamiento de alimentos y el equipo de seguridad se mantuvieran limpios y libres de riesgos.

Le expliqué que otros de los trabajadores de la línea eran testigos de que yo podía hacerme cargo.

—No hay nada de qué preocuparse —le aseguré.

El gerente se encontraba en un dilema. No quería cerrar la línea, pero dejarme a cargo *no* era parte del protocolo. Había otros trabajadores capacitados que estaban en la lista de espera para ocupar el puesto, pero "¿dónde estaban?".

—De acuerdo —murmuró—, pero si te equivocas, quedas despedido.

Durante las siguientes ocho horas —dos turnos de cuatro horas—, dirigí la línea con precisión, atención a los detalles, una concentración inigualable y la finura de un corredor de automóviles. El ritmo y el paso de las tres fases de producción —(1) procesamiento de las frituras, (2) envasado, (3) empacado en cajas para envío a la bodega y subsecuente envío y entrega en las tiendas— son producto de un manejo impecable del tiempo y del dominio del operador que dirige las distintas estaciones de la línea. En este caso, todo se desarrolló sin problemas.

Gracias a lo que había aprendido en todo ese tiempo, sabía que la productividad se medía de acuerdo con la cantidad en kilos de producto que lograba pasar por el proceso en cualquier período de ocho horas. En ese lapso se producían aproximadamente ocho mil kilos de frituras envasadas en bolsas y empacadas en sus cajas. A veces una máquina se descomponía y era necesario aminorar la marcha a un punto en el que solo se podían producir poco más de tres mil quinientos kilos en un turno de ocho horas. Los cálculos en mi cuaderno me habían permitido entender cuánta masa se necesitaría por hora para alcanzar la cifra de los ocho mil kilos. Yo ya había notado para entonces que si aumentábamos la velocidad de la maquinaria y reestablecíamos los temporizadores podríamos producir una cantidad aun mayor. El riesgo era que si se trataba de hacer esto demasiado rápido o si el tiempo no se reestablecía de la manera adecuada, las máquinas podrían averiarse en más de una ocasión o se sacrificaría la calidad para privilegiar la cantidad.

¿Qué sería preferible? ¿Ir por el camino seguro o poner a prueba mis teorías? Decidí actuar como el dueño y lanzarme a la aventura. Rápidamente reestablecí el tiempo en todas las máquinas y les hice saber a mis compañeros lo que esperaba que sucediera en las siguientes ocho horas. Estaba tan decidido a mantener a todos en movimiento para evitar retrasos —especialmente en las etapas de aplicación del sazonador y el envasado—, que metí mucho producto. Imaginé que este proceso sería como la Serie Mundial, las apuestas eran altísimas y yo era como el entrenador de un equipo profesional de béisbol que motivaría a sus jugadores y los animaría a hacer las mismas tareas que realizaban usualmente. Cuando llegó la hora de volver a casa, nadie dijo gran cosa, excepto que, al parecer, no nos habíamos equivocado.

Unos días después, esa misma semana, el gerente de la planta leyó el reporte y, sin que yo lo supiera, llamó al gerente que me había permitido hacerme cargo del turno.

—¿Quién fue el operador en la línea de Doritos esa noche? —le preguntó.

—Ah, ya sabe, el tipo ese, el portero... el conserje.

—¿Sabe cuántos kilos de producto hizo pasar por el proceso? —preguntó el gerente de la planta.

Resulta que había excedido por mucho los ocho mil kilos, como por dos mil quinientos kilos. La siguiente ocasión que sustituí en un turno como operador principal, establecí un récord en la empresa, el de la mayor cantidad en kilos de producto envasado y empaquetado en un turno de ocho horas: trece mil y medio. El resultado fue: "Tal vez deberías preguntarle si quiere dirigir una línea de manera regular". (Por cierto, varias décadas después me enteré de que uno de los trabajadores más jóvenes de la primera línea a quien yo había capacitado acababa de romper mi récord.)

Desafortunadamente, el gerente de la planta no podía darme un empleo así nada más. Primero yo debía presentarme para competir por el puesto y, de ser aceptado, todavía tendría que probar de otras maneras que era la persona idónea. Por eso, en lugar de renunciar a mi empleo como conserje, empecé a trabajar en todas las líneas durante los huecos que había en los segundos turnos. Primero fui operador de freidora, luego operador de frituras de tortilla y, tiempo después, dirigí las distintas líneas hasta empezar a ascender a especialista de procesamiento.

Nada de eso habría sido posible si no hubiera aprendido los tres rudimentos para actuar como dueño. (1) Cuando empecé a trabajar en la empresa como conserje, traté de mantener presente la sensación de estancamiento que tuve en mis empleos anteriores e intenté aprender de lo que no funcionó en el pasado. (2) Incluso en la menos importante de las tareas, siempre me enorgullecí de mi esfuerzo e imprimí mi nombre en mi trabajo. De hecho, cuando establecí el récord de la mayor cantidad de producto procesado en un turno, pude afirmar con orgullo que lo había establecido un Montañez. (3) Aprendí la dura lección de que era necesario tomar la iniciativa.

Tras escuchar sin querer una conversación en la planta respecto a la satisfacción en el trabajo, aprendí otra regla general para pensar como dueño. Al parecer, uno de mis compañeros se había estado quejando de su empleo con un gerente de nivel medio. Mi compañero se sentía estancado en la rutina, así que preguntó si debería buscar trabajo en otro lugar.

—No me siento verdaderamente contento aquí.

Nuestro gerente lo miró y se rio.

—Si mi trabajo consistiera en hacerte feliz, te daría boletos para ir a Disneylandia.

Sonaba rudo, pero tenía razón hasta cierto punto. La epifanía para mí consistió en entender que tu empleador no tiene por qué hacerte feliz; eso te corresponde a ti. Mi familia me hacía feliz. Soñar que algún día podría darme el lujo de comprar un automóvil clásico o una motocicleta... esos pensamientos me hacían feliz. Y lo que realmente aprendí al escuchar esa conversación fue que tu trabajo no tiene que gustarte para tener éxito en él. Lo que tiene que gustarte es trabajar. Independientemente de que permanezcas en tu empleo o vayas a un lugar donde te sientas más a gusto, lo que en verdad te servirá a largo plazo será el amor que le tengas a levantarte todos los días listo y deseoso de trabajar.

A continuación te presento algunas preguntas que deberás plantearte cuando consideres la manera en que te gustaría actuar como dueño.

* *¿Ya aceptaste la idea de que estás a cargo de tu propio destino?* Si ya lo hiciste, ¡maravilloso! Podrías fijarte metas que, por el momento, no impliquen la participación de alguien más en tus planes. Trata de escribir tus metas

diarias en la mañana y en la noche tacha las que hayas cumplido.

* *¿Sigues creyendo en esos antiguos mensajes que tú mismo o alguien más te transmitió y que te hicieron creer que nunca te llegaría una oportunidad?* Lo más gracioso es que con el paso del tiempo muchos de esos mensajes caducan y dejan de ser ciertos. Los puedes remplazar con mensajes nuevos y positivos. ¿Cómo imaginas que sería la charla motivacional de un dueño respecto a lo que te hace valioso para tu empleador? ¿Cómo te darías tú mismo esa charla?

* *¿Trabajas para la organización que emite tu cheque o para tu apellido, para tu legado?* ¿Puedes recordar algún logro personal del pasado del que te hayas atribuido el crédito o que te haya hecho sentir orgulloso porque formaría parte de tu legado?

* *Si te sientes un poco estancado, ¿podrías tomar la iniciativa y hacer mañana alguna cosita que te saque de tu zona de confort? ¿Algo que te haga sentir como dueño?* Aunque sea modesta, toda acción realizada diariamente suma. Puedes hacer una pregunta; leer un artículo o un libro; o explorar una faceta de tu lugar de trabajo que no hayas visto nunca.

* *Por último, si tienes la sobrecogedora sensación de que ese empleo no es para ti, ¿crees que podrías concentrarte durante una semana completa en el amor por el trabajo arduo?* Tal vez después de eso te des cuenta de que ha llegado la hora de buscar otro empleo, o no. Actuar como dueño te ayudará a averiguar la mejor manera de emplearte.

Cuando eliges actuar como dueño implementas un cambio de mentalidad que te permite ser el especialista en operaciones de todas las etapas de tu vida.

La pequeña falla que casi provocó que me despidieran me sirvió para aprender una dura lección que, más adelante, me daría valentía. Cuando tomas la iniciativa y vas más allá de lo mínimo, aumentas las probabilidades de tener éxito y de sobrevivir a tu falta de conocimiento, e incluso a tus errores y fracasos.

A medida que te comportes como dueño con más frecuencia y abandones la costumbre de hacer solo lo que te piden, tú y tus circunstancias cambiarán inevitablemente gracias a tu nuevo hábito de tomar la iniciativa. El siguiente paso te llevará más allá. No solamente actuarás como dueño sino que también empezarás a pensar de maneras en que no lo has hecho antes.

3

Aprende a pensar como ejecutivo

n día, cuando ya llevaba más de tres años trabajando en Frito-Lay, llegué a la planta bastante tiempo antes de que comenzara mi turno. Casualmente pasé por una de las salas de juntas y vi que nuestro jefe de operaciones estaba en medio de una evaluación de la producción, y de los envíos y las cifras de ventas más recientes. En la sala había principalmente gerentes, directores y otros ejecutivos, y como nuestro jefe era un gran orador, todos le prestaban atención mientras él revisaba una serie de datos y señalaba los momentos en que habíamos excedido nuestras metas y aquellos en los que nos quedamos cortos. Yo me sentí fascinado, así que me senté al fondo de la sala y empecé a escribir algunos de los puntos principales en el cuadernito que siempre llevaba conmigo.

Ese día nadie me preguntó por qué estaba ahí, pero luego, como empecé a asistir con regularidad a las reuniones, algunos de los gerentes hicieron comentarios como:

"Más te vale no estar en tus horas de trabajo porque no te pagamos para venir a sentarte en estas reuniones". Me preguntaron qué diablos hacía con el cuaderno, pero básicamente lo que querían saber era: "¿Quién te crees que eres?".

En lugar de decirles quién me creía, les aseguré que no estaba en mis horas de trabajo y que solo me agradaba la manera en que nuestro jefe de operaciones simplificaba toda esa complicada información.

Usualmente solo sacudían la cabeza y salían de ahí refunfuñando e insistiendo en que no me pagaban para irme a sentar en sus reuniones. O también decían: "De acuerdo, como gustes".

Luego yo tenía que platicar conmigo mismo y recordarme que lo único que estaba haciendo era practicar para ser mi futuro yo. ¿Cómo? Pues aprendiendo a pensar como ejecutivo.

En aquel tiempo no tenía realmente idea de cómo pensaban los ejecutivos, lo único que sabía era que si lograba averiguar más sobre lo que hacían y cómo llegaron a esos puestos superiores de responsabilidad y de toma de decisiones, podría aprender a pensar como ellos.

Sin pensarlo dos veces, un día decidí ir a la oficina del director de operaciones y preguntarle sobre sus cifras. Cuando asomé la cabeza por la puerta, su secretaria se sorprendió y me preguntó:

—¿Puedo ayudarle en algo?

—Sí, quisiera hacer una cita —le dije.

En ese momento me vio el ejecutivo y también preguntó si podía ayudarme. Cuando le expliqué que quería hacer una cita para hacerle algunas preguntas sobre su presentación porque en ella hubo información que podría ayudarme a realizar mi trabajo de mejor manera, él se encogió de hombros y me invitó a pasar a su oficina. Yo saqué mi cuaderno y empecé amablemente a preguntarle respecto a algunos de los puntos destacados de su presentación. También añadí por aquí y por allá varias sugerencias que, desde la perspectiva de un trabajador de la primera línea, podrían ayudarle a lograr sus metas. Mi pregunta principal era si podría tener acceso a sus reportes de manera regular y compartirlos con mis compañeros de trabajo.

—¿Sabe? Tiene usted razón, todos deberían tener acceso a los reportes —exclamó, como si no pudiera creer que no se le hubiera ocurrido antes a nadie. A partir de entonces, el director empezó a distribuir sus reportes entre toda la gente de la planta. Me agradeció por la idea y me dijo que su puerta estaría abierta para mí en todo momento. Lo que marcó la diferencia fue que yo le llevé información y creé un punto de encuentro con los trabajadores de primera línea. Era algo que les hacía falta a muchos ejecutivos. Él comprendió que los recursos humanos eran el activo más valioso de una empresa y que motivar a los trabajadores sería bueno para la corporación de manera general. Desde ese momento supe que, siempre que tuviera preguntas sobre las operaciones y la manera en que un ejecutivo pensaba respecto a cierto problema, podría dirigirme a él, y eso ¡fue un gran comienzo!

Si crees que tienes más que ofrecer pero estás estancado en tu puesto actual, si piensas que no hay nadie que te ayude a progresar o si simplemente quieres saber cómo ir más allá de las puertas cerradas y sus guardianes para llegar hasta la gente en niveles superiores, lo primero que quiero que entiendas es que no necesitas el permiso de nadie para empezar a comportarte como ese tú del futuro que es más exitoso que el tú de ahora. Tampoco necesitas disculparte por pensar de manera anticipada cuando explores los siguientes pasos (el primero de los cuales evidentemente no seguí cuando estaba en la escuela):

1. *Haz la tarea de historia.* Casi todas las empresas, pequeñas o grandes, tienen una marca amada que cuenta con una historia propia. Sin embargo, también hay una historia de los fundadores y de los ejecutivos influyentes. Al averiguar esa historia y familiarizarte con las contribuciones de las personas que le dieron forma a la misma, aumentarás tu valor para la rama ejecutiva cuyos miembros son, en un sentido clásico, defensores del reino y protectores de la marca. En ese momento estarás pensando como ejecutivo.

2. *Aprende la diferencia entre excelencia y competencia, y entiende* por qué *los ejecutivos deberían poseer ambas.* Cuando quieras que te contraten o te asciendan de puesto, no preguntes lo que puede hacer la empresa por ti, sino lo que tú puedes hacer por la operación de manera integral. Los ejecutivos de alto nivel no solamente muestran excelencia y competencia en sí mismos, también entienden que necesitan identificar estos rasgos en otras personas.

3. *Busca modelos a seguir y mentores que te puedan enseñar sin siquiera saber que lo están haciendo.* Encontrar a alguien que tenga el tiempo o el interés de reunirse contigo puede ser muy difícil, y ni pensar en alguien que supervise tu avance, en especial si se trata de un ejecutivo muy ocupado o de un gerente de nivel superior. Sin embargo, las cosas pueden ser muy distintas

si esa persona descubre que también puede aprender de ti porque, al igual que los mejores maestros, los ejecutivos más sabios nunca dejan de aprender.

A principios de la década de los ochenta, cuando apenas empezaba a notar la gran desconexión entre los trabajadores de primera línea y los niveles superiores de gerencia, yo no sabía nada de los tres pasos básicos para pensar como ejecutivo. Era evidente que que, para muchos ejecutivos, aprender la historia de la marca —la manera en que Frito-Lay y Pepsi se fusionaron para convertirse en PepsiCo— era como estudiar la Biblia. Para practicar cómo ser el futuro yo, mi tarea empezaría ahí: aprendiendo sobre los primeros tiempos de las frituras crujientes.

HUBO UN TIEMPO EN EL QUE LA MERA IDEA DE ASCENDER HASTA LLEGAR al puesto de vicepresidente de una corporación me habría hecho negar con la cabeza. Pero cuando me tomé un tiempo para aprender un poco más sobre cómo se había creado la corporación, empecé a imaginarme ascendiendo a un puesto con un poco más de responsabilidad. En una época en la que ningún mexicano-estadounidense había sido promovido a un nivel ejecutivo en nuestra empresa, me dio gusto enterarme de que antes de que las frituras de maíz y de papa se convirtieran en parte esencial de la alimentación en el hogar, su invención no se les atribuía a personas originarias de la cultura blanca estadounidense predominante. El creador de las frituras de maíz fue un vendedor ambulante mexicano, y se dice que quien inventó las frituras de papa fue un hombre mitad afroestadounidense y mitad nativo estadounidense que trabajaba como chef en el restaurante de un centro vacacional de lujo.

Este fue el telón de fondo de la historia del primer empresario y ejecutivo que reconoció el inmenso potencial de las frituras de maíz: Charles Elmer Doolin. Doolin empezó su carrera durante la Gran Depresión con una serie de negocios que incluía una tienda de golosinas en San Antonio. Siempre estaba buscando innovaciones creadas por otras personas, pero le interesaba en especial algún tipo de botana de maíz que pudiera vender en su tienda y no contuviera demasiada azúcar. Pensó en las tortillas, pero como no tenían una vida de anaquel, no sabía qué tipo de botana de maíz podría servirle.

Luego no sucedió gran cosa sino hasta que, un día, afuera de una gasolinera, encontró a un vendedor ambulante de México que estaba ofreciendo sus productos: trozos de una especie de fritura de maíz fabricada con masa que, tras ser expulsada de un artefacto, caía en aceite caliente, se cocinaba y se salteaba. A estas frituras se les conocía como cositas fritas o *fritos*. Doolin tenía un historial de problemas de salud, por lo que no comía alimentos ni salados ni fritos, sin embargo, vio la hilera de gente esperando para comprar las frituras de maíz y su reacción tras probarlas. De pronto abrió los ojos como platos, pues vio lo que otros no: una botana sencilla y económica que podría fabricarse y que la gente compraría como pan caliente.

Doolin compró la patente, regresó a casa y perfeccionó la receta. Como le encantaba experimentar, en todos los lugares donde vivía o trabajaba instalaba cocinas que parecían laboratorios secretos. De hecho, los Cheetos también los inventó en una cocina de este tipo. Cuando investigué, me dio gusto enterarme de que Doolin siempre recurría a sus hijos y a otros miembros de su familia para que probaran por primera vez sus productos y para que le ayudaran a desarrollar sus recetas, ya que era algo que yo también hacía.

Originalmente, C. E. Doolin vio los Fritos como una guarnición o un modesto platillo para acompañar, pero no como un plato principal susceptible de consumirse en grandes cantidades. No obstante, promovió recetas caseras con las que se podían preparar comidas con Fritos, y las imprimió en la parte trasera del empaque. Tal vez hayas oído hablar del *pie* Frito (abre una bolsa de Fritos a todo lo largo, calienta un poco de chili con carne, cubre con él las frituras, toma una cuchara y consume el pay directamente del empaque), ¿pero conoces los bocadillos crujientes de chocolate con Fritos que no requieren cocción? ¿O qué tal el guiso de Fritos con calabaza?

Además de la historia, me encantó conocer y explorar los diseños originales de los primeros empaques de los Fritos y los Cheetos. En el área operativa, Doolin adaptó elementos de la línea de ensamblaje de Henry Ford para fabricar las frituras, pero lo hizo a una escala que no se había intentado hasta ese momento. Luego hizo algo que a ninguna otra marca se le habría ocurrido: abrió un restaurante en Disneylandia y lo llamó *Casa de Fritos*. Así, al asociar su marca con el lugar más feliz de la tierra, el empresario la volvió prácticamente casi tan estadounidense como la tarta de manzana.

Ahora bien, a diferencia de los Fritos, que surgieron en las calles, las frituras de papa comenzaron en el ámbito de la cocina de alto nivel, muy probablemente en la Francia del siglo diecinueve. Según cuenta la historia, la primera vez que en Estados Unidos se hizo referencia a las frituras de papa fue en 1853, en un restaurante exclusivo en Saratoga Springs, Nueva York. El chef se molestó porque un cliente exigente —algunos dicen que fue Cornelius Vanderbilt— mandó de vuelta a la cocina sus papas a la francesa porque no crujían lo suficiente. Irritado, el chef cocinó improvisadamente una porción de súper delgadas frituras crujientes de papa, pero nunca imaginó que se convertirían en un gran éxito. Poco después, las *Saratoga Chips*, como se les llegó a conocer, hicieron que el restaurante se popularizara.

El éxito de esta botana se disparó y varias compañías pequeñas en el país desarrollaron sus propias marcas de frituras de papa. Una de ellas fue fundada en la década de los treinta por Herman W. Lay, un distribuidor de botanas y bebidas de Nashville, Tennessee. Con el deseo de diferenciarse de sus competidores, Lay se fijó la ambiciosa meta de crear una marca de botanas *nacional*, cosa que no existía en aquel entonces.

Herman Lay compró compañías ya existentes que contaban con fábricas pero que no estaban teniendo éxito. De esa manera les dio un giro a todos esos negocios y convirtió a Lay's, su empresa, en una de las más grandes del sureste. Es bien sabido que Lay se preocupaba por sus trabajadores y creía que la clave del éxito que tenía radicaba en su interés por la gente y en su deseo de ver a otros triunfar.

En 1961 se hizo oficial la fusión de Frito Company of Dallas y de Lay's, dos empresas de renombre, y así nació una gran fuerza industrial. C. E. Doolin falleció antes de que se completara la fusión, pero Herman Lay, quien llegó a ser presidente del Consejo Directivo de la recientemente formada Frito-Lay, honró a ambas empresas al lograr su sueño de crear la primera marca nacional de botanas. El siguiente sueño de Lay era aún mayor: llegar a ser una marca internacional.

Aquí aparece el director de Pepsi-Cola, Donald M. Kendall, un ejecutivo del que más adelante yo aprendería mucho. En 1965, cuando Herman Lay negoció una fusión entre Frito-Lay y Pepsi, Kendall se convirtió, junto con el mismo Lay, en cofundador de la recién formada empresa PepsiCo y fue nombrado presidente y director ejecutivo. Para ese momento Don Kendall ya había cambiado la suerte de Pepsi a pesar de haber empezado como vendedor de jarabes en la parte más baja de la cadena alimenticia de Pepsi. En menos de diez años llegó a ser ejecutivo y a dirigir su propia división internacional. Mientras Coca-Cola continuaba siendo la bebida estadounidense de cola de mayores ventas en gran parte de Europa, Kendall diseñó una estrategia maestra para que Pepsi atravesara la Cortina de Hierro antes que Coca. Don Kendall me inspiró increíblemente porque fue alguien que ascendió desde un puesto de nivel básico y llegó hasta la cima conservando un estilo duro pero visionario totalmente propio.

Al aprender las historias de las marcas de Frito-Lay, Pepsi y PepsiCo también tuve la oportunidad de estudiar a las personalidades más importantes de la corporación. Más que nada, conocer a estas personalidades y sus contribuciones me permitió dar un paso gigante en el camino hacia pensar como ejecutivo. Por lo menos, aprendí a no sentirme intimidado cuando me acercaba a la gente en puestos superiores, ya que me parecía que podía ofrecerle algo interesante. Este es uno de los denominadores comunes en la forma de pensar de los ejecutivos: rara vez dejarán pasar un descubrimiento que podría ser rentable.

Además de conocer a Don Kendall, quien continuó participando activamente en el Consejo Directivo como nuestro fundador corporativo y director ejecutivo de PepsiCo (con base en Nueva York), también entré en contacto con su segundo al mando, Wayne Calloway, director ejecutivo de Pepsi-Cola. Wayne, quien dirigía Frito-Lay fuera de Dallas y que en 1986 se convirtió en sucesor de Don como director ejecutivo de PepsiCo, nunca perdió el acento ni la manera lenta de hablar de Carolina del Norte, asistía con devoción a la iglesia, adoraba los libros de autoayuda, andaba en una Harley y siempre estaba abierto a las nuevas ideas.

Desde la primera vez que les hice llegar muestras de posibles innovaciones a Don Kendall y Wayne Calloway (frituras enormes, óptimas para remojarse en salsas), ambos se mostraron entusiastas y me animaron a continuar enviándoles ideas novedosas en cualquier momento. Gracias a que había estudiado la manera en que pensaban los ejecutivos, supuse que no solo trataban de ser amables. Estaban genuinamente interesados y agradecidos. Cada vez que les enviaba algo me aseguraba de que valiera la pena y no les hiciera perder su tiempo. Como aquella ocasión en que vi a unos chicos de mi vecindario comprando paquetitos de sazonador de limón y chile en el camión de los helados, y luego compré algunos en un bazar por diez centavos cada uno y se los envié a Wayne Calloway. Poco después, toda la gente en las oficinas centrales estaba hablando de la siguiente tendencia en sabor. Sí, adivinaste: limón y chile.

Más adelante recibí una carta de Wayne Calloway en la que me agradecían por mi excelencia en innovación. Además de la carta, en el sobre había un certificado de acciones que me convirtió en el primer empleado de primera línea, no-ejecutivo, que recibía una acción de la empresa. Su gesto me reveló otro aspecto de la manera en que piensa un ejecutivo: hay que tomarse el tiempo necesario para motivar a los empleados.

En mi opinión, Don Kendall, Wayne Calloway y, más adelante, Roger Enrico (el brillante sucesor de Calloway que llegó a ser director ejecutivo de Pepsi-Cola a los treinta y siete años, y a los cuarenta y cuatro recibió la invitación para venir a dirigir Frito-Lay), encarnaban los dos rasgos que luego identifiqué como la clave para el liderazgo ejecutivo: la *excelencia* y la *competencia*.

Desde mi perspectiva, la manera más sencilla de explicar la diferencia entre estos rasgos radica en pensar que la excelencia tiene que ver con ser tu mejor versión posible, en tanto que la aptitud o la competencia técnica tiene que ver con ser el mejor en algo. Un breve análisis etimológico podría aclarar esto.

Excelencia se deriva de la palabra en latín *excellentia*, que quiere decir "superioridad, grandeza, distinción", que a su vez viene de *ex* "fuera de" y de *cellere* "elevación, torre", que se relaciona con *celsus*: "elevado, alto, grandioso".[4] Por todo esto, para ser tu mejor versión necesitas estar dispuesto a elevarte a alturas espirituales e idealistas. Esforzarse por alcanzar la excelencia o motivar a otros a acercarse a ella puede ser, más bien, una búsqueda

---

[4] Online Etymology Dictionary, "excellence" www.etymonline.com/word/excellence. (Diccionario etimológico en línea consultable en inglés exclusivamente).

espiritual, un impulso que proviene del corazón y está imbuido del espíritu de la excelencia misma.

La palabra *competencia* viene del francés y del latín, y quiere decir "suficiencia para vivir con tranquilidad" y "rango adecuado de capacidad o habilidad".[5] La competencia técnica, un rasgo esencial para el liderazgo ejecutivo, también se refiere a dominar los sistemas, conocer la manera en que funcionan y saber qué hacer cuando se descomponen. La competencia es la cualidad de ser bueno *en* algo y puede ser considerada como un aspecto más intelectual que emocional. En lo que se refiere a la toma de decisiones, la competencia llevaría a un ejecutivo a elegir una solución más pragmática y estratégica, por ejemplo.

A mí siempre me gustó escuchar directamente de los ejecutivos qué era lo que más valoraban en los empleados. En una etapa más tardía de mi viaje hacia el liderazgo, uno de mis mentores me alabó varias veces por mi competencia técnica. Para él, la historia de la marca era importante, las ventas y la mercadotecnia también, sin embargo, lo fundamental y la frase en que más hacía énfasis era: "Tienes que conocer tu producto". Las empresas venden productos o servicios, y por ello si quieres pensar como ejecutivo tienes que conocer tu producto a la perfección.

Las personas con poder de decisión en el nivel ejecutivo piensan con la cabeza, pero también con el corazón. Por eso cuando ascendí al estatus de ejecutivo y tuve que tomar decisiones respecto a algunas ofertas, usé ambos para evaluar el trato. ¿Sería algo beneficioso para mi

---

[5] Online Etymology Dictionary, s.v. "competence" <www.etymonline.com/word/competence> (Diccionario etimológico en línea consultable en inglés exclusivamente.)

gente? ¿Le ofrecería oportunidades de alcanzar la excelencia y/o resultaba lógico en términos de la competencia técnica y del balance de la empresa? Estas preguntas involucran a la cabeza y al corazón.

Mientras hacía mi tarea y aprendía cómo tomaban decisiones los ejecutivos en posiciones superiores, me hice el hábito de practicar cómo sería el futuro yo. Lo hacía mentalmente. Pero no creas que esta práctica la inventé yo, fue algo que aprendí de mis mentores y de los modelos a seguir que me ayudaron a extenderme y crecer, a veces sin siquiera darse cuenta de que me estaban transmitiendo conocimiento.

PROBABLEMENTE TODOS HEMOS VISTO LA IMAGEN DEL ÉXITO EN EL ESTADOS UNIDOS CORPORATIVO y en muchos otros lugares como un escalafón por el que se debe subir, peldaño a peldaño, paso a paso. Sin embargo, hay muchas personas que, como yo, tal vez no cuenten con antecedentes tradicionales en su carrera de negocios y que también vean las cosas de manera distinta. Para nosotros no se trata de un proceso directo en el que hay un escalafón vertical por el que se tenga que subir y subir. Yo lo veo más como escalar en roca. Primero das un paso, pero luego tienes que moverte un poco de manera horizontal y encontrar otro punto de apoyo. Durante tu escalada, estás constantemente estirándote y tratando de alcanzar las rocas que algunas veces son más pequeñas y, otras, más grandes, pero que te llevarán al éxito. A veces tal vez sientas que estás solo frente a la pared de piedra y que tendrás que subir y vértelas con los pedruscos que obstaculizan tu camino hacia la cima. Para ayudarte, sin embargo, la mayoría de las veces podrás recurrir a ejemplos de otras personas que subieron antes que tú, o incluso a quienes estén dispuestos a darte algunas claves e indicaciones.

A esa persona le puedes llamar sherpa, guía, modelo a seguir o, quizá, mentor. No es necesario que le asignes a alguien un título oficial para que puedas aprender de él o ella todo lo que necesitas saber respecto a cómo progresar en el mundo. Lo más interesante es que muchos de los ejecutivos más exitosos que he conocido creían en la importancia de ser mentores, tal vez porque en algún momento ellos también tuvieron uno.

En Frito-Lay, muchos de los gerentes me toleraban, pero no siempre me apreciaban porque yo siempre rompía la cadena de mando, me metía en sus terrenos, actuaba como el dueño y pensaba como ejecutivo. Ellos solo me miraban como diciendo: "¿Quién te crees que eres?". Constantemente me recordaban que no me pagaban para que me esforzara de forma individual por alcanzar la excelencia y volverme competente.

Sin embargo, hubo una excepción. Al principio, más que cualquier otra persona, hubo alguien que me enseñó a pensar, vestir, hablar y manejarme como un ejecutivo. Se trata de un gerente de producción llamado Julius C. McGee, quien fue uno de los individuos más temerarios y carismáticos que he conocido en la vida; pero también, el más sutil e incluso el más humilde. Julius era afroestadounidense, nació en la década de los cuarenta en un pequeño pueblo de Oklahoma y durante su infancia se vio forzado a lidiar con una discriminación extrema. A Julius le habían disparado, escupido, llamado por los peores apodos y, para colmo, le negaron la entrada a la universidad a pesar de que era un hombre brillante. Más que nada, Julius me enseñó a colocarme por encima de la gente resentida y llena de odio, y a nunca permitir que la discriminación me amargara o me convirtiera en víctima. Me explicó que su decisión de resistirse a la amargura era su manera de ganar y de ser libre para ser Julius C. McGee.

Julius le inspiraba respeto a la gente desde el momento en que entraba a un lugar porque (a) era respetuoso, (b) caminaba de una manera súper *cool* y (c) porque llegaba a las oficinas con un saco largo de cuero como si fuera detective de película. Inspirado por él, empecé a mejorar mi propia apariencia con las pocas prendas de segunda mano que podía comprar en la tienda Goodwill. En ese tiempo, se suponía que los gerentes y los trabajadores de piso debían vestir de manera distinta. Los gerentes tenían pantalones kaki y camisas de manga larga. Los trabajadores de piso tenían uniformes azules similares a los de los de los empleados de las gasolineras. Cuando decidí empezar a usar pantalones kaki y camisa, los gerentes me miraron raro.

—¿Qué crees que estás haciendo? —me preguntaron algunos.

—Preparándome para el futuro —les contesté.

Todos se indignaron hasta que otros trabajadores de primera línea también empezaron a vestirse como gerentes. Aproximadamente un año después el código de vestimenta fue modificado.

Julius debió llegar a ser vicepresidente, pero su perfil no era idóneo porque era un inconformista y pertenecía a lo que en aquella época era una minoría. Aun así, pensaba como ejecutivo y era un genio de las matemáticas. Él fue la razón principal por la que yo desarrollé competencias técnicas, pero también me presionó para que solicitara ascensos y aumentos de sueldo.

—Richard, eres una superestrella, no te vendas por cualquier cosa —solía decirme.

Años después leí la historia de cómo antes de partir a la Guerra de Troya, Odiseo, el rey de Ítaca, le pidió a un amigo que cuidara a su hijo en caso de que él no regresara. "Lo educaré y le enseñaré como si fuera mi propio hijo", le prometió el amigo. El nombre de ese amigo era Mentor, y de ahí es de donde proviene esta palabra. Ser mentor de alguien, es decir, el proceso de invertir tu tiempo, energía y conocimiento para impulsar el desarrollo de otra persona, es una tarea muy parecida a la que realizan los padres y, por lo tanto, es digna de admiración.

Siempre he dicho que los primeros nueve años que trabajé en Frito-Lay fueron el equivalente a estudiar un Diploma de Educación General (GED, por sus siglas en inglés) más una licenciatura y parte de una maestría. Gracias a mi experiencia con Julius y con el director de operaciones de la planta, quien mantuvo sus puertas abiertas para mí siempre que tuve preguntas, aprendí que para ascender en la estructura corporativa no era necesario que descifrara todo yo solo.

Estas tempranas experiencias me instaron a buscar a lo largo de los años mentores y modelos a seguir, sin sentir la necesidad de disculparme o de pedir permiso. Algunas personas ni siquiera sabían que eran mis mentores. El proceso era mucho más estructurado. Y es cierto, yo era conserje y con frecuencia ellos eran directores, vicepresidentes e incluso directores ejecutivos, como sucedería más adelante.

Cuando decidas practicar cómo ser el futuro tú y aprender a pensar como ejecutivo gracias a los consejos de alguien que tal vez te ayude a escalar tu montaña, puedes recurrir a varias estrategias:

* Si sabes que tal vez podrías conocer a un mentor en potencia o que te escuche alguien cuyos consejos te gustaría recibir, haz tu tarea y averigua su trayectoria y logros. Prepara un par de preguntas que no solo se centren en tus intereses personales, sino que también lo hagan sentirse cómodo o cómoda al hablar de él o ella porque, ¿a quién no le agrada hablar de sí mismo?
* Si ya tienes en mente a alguien que te parece que sería un excelente mentor, pero no deseas que parezca que le quitarás demasiado tiempo, evita usar esa palabra. Puedes ofrecerte a comprar un par de cafés para tener una charla "informativa". Si hiciste la tarea bien, podrás hacerle preguntas relacionadas con su trabajo. Piensa como ejecutivo y prepárate para la reunión con un espíritu de excelencia, trata de mostrar la mejor versión posible de ti mismo. También prepárate para hacer énfasis en tus competencias, en algo en lo que seas excelente.
* No esperes a que tu superior (o un posible empleador, en caso de que apenas estés buscando trabajo) sea quien proponga hablar de tu ascenso, aumento de sueldo o paquete de compensación. Muchos nos ponemos nerviosos cuando tenemos que pedir lo que necesitamos y pensamos que si nos atrevemos a hacerlo nos reemplazarán o despedirán. Sé tú mismo, sé directo y habla abiertamente del tema. De ser posible, permite que la otra persona sea quien haga la oferta. Usualmente el otro bajará la cifra lo más posible y ese será tu punto de partida. Ahora averigua cuál es el límite superior.

* Debes saber que no tiene nada de malo ser competitivo. Cuando mires alrededor en tu lugar de trabajo y veas a un compañero que ocupa un puesto más elevado que el tuyo, será normal que quieras ocupar ese lugar para aprender de su competencia técnica y para averiguar cómo logró ser excelente en ciertas cosas. De esa manera, esa persona se convertirá en tu mentor sin siquiera saberlo.

El arte de practicar cómo ser el futuro tú puede ser divertido, creativo y liberador. Tal vez aún no estés en el nivel ejecutivo, pero cuando adoptes los atributos y la mentalidad de alguien sumamente valorado por la empresa, te comportarás con una energía y porte inusitados. Después podría suceder algo maravilloso: cuando pienses como ejecutivo tendrás acceso al tipo de soluciones e innovaciones de las que los ejecutivos querrán enterarse. De esa manera desarrollarás un sexto sentido respecto a las ideas que realmente funcionan y las que no.

4
Las mejores ideas se sirven calientes

ira, yo tuve una idea multimillonaria y, cuando se la conté a un amigo, ¡me la robó y la utilizó para triunfar en grande! —me confesó en una ocasión un hombre que había tratado de triunfar en el mundo de la tecnología.

Sin embargo, las ideas no se roban. Tal vez suene duro, pero es la verdad. O ponemos en marcha nuestras ideas o no hacemos nada al respecto. Cuando hablo de poner en marcha una idea me refiero a invertir tu propio tiempo para investigar, desarrollar y promover su paso a la realidad. De esa manera la convertirás en algo de valor que portará tu nombre. También la resguardarás e impedirás que alguien venga, tome prestado tu concepto para hacerlo suyo y se apropie de tu destino. Si quieres evitar todo esto, te recomiendo que, al igual que las cartas en el póker, mantengas tus ideas muy cerca de ti. Lo más importante, sin embargo, es recordar que si no actúas con rapidez corres el riesgo de que la idea se vuelva obsoleta.

El punto es que cuando estés cocinando algo bueno, tomes en cuenta que las mejores ideas se sirven bien calientes. Así que ahora, a poner la mesa.

—¿TIENES UN MINUTO? —RECUERDO QUE LE PREGUNTÉ A JULIUS UN DÍA DESDE la puerta abierta de su oficina. Él estaba preparándose para ir a casa, ya se había puesto su largo saco negro de cuero y yo no quería retrasarlo.

Con un gesto me indicó que entrara y me preguntó qué era eso tan urgente de lo que quería hablar. Cuando le mostré mi cuaderno y las notas que tenía en él, se mostró complacido por los problemas que supo que estaba yo a punto de provocar. También sabía que eran problemas que podrían tener un impacto contundente en el mejoramiento del balance de la empresa.

A pesar de que continuaba siendo el conserje, había aprendido a trabajar en la línea de producción, me contrataban algunas horas extra cuando los trabajadores de los turnos no se presentaban, e incluso me ascendieron al equipo de servicios generales, lo que significaba que conocía cada centímetro de nuestras instalaciones. No había una sola pieza de maquinaria que no hubiera limpiado, que no conociera o que no supiera cómo funcionaba. Así fue como descubrí algo que nadie más parecía haber notado o priorizado: *el desperdicio*.

Cuando creces en una familia de once hijos y comes como en cafetería junto a los otros trabajadores agrícolas y sus familias, aprendes a cuidar cada trozo de comida adicional que terminaría desperdiciándose si no lo reclamaras. Por una parte, yo entendía y apreciaba los estrictos lineamientos de control de calidad que Frito-Lay hacía cumplir. Pero por otra, no me parecía lógico que perdiéramos producto en perfecto estado debido a errores humanos, o que tantos insumos, suministros y refacciones terminaran en la basura debido al descuido.

Como era del gueto y, tal vez, como vi a mi padre reparar todo y hacerlo funcionar de nuevo, siempre que notaba algún desperdicio lo tomaba de manera personal. Al menos, así me sentí cuando empecé a calcular cuánta comida, trabajo, suministros y ganancias se estaban tirando literalmente a la basura todos los días en Frito-Lay, de forma innecesaria.

Había algunos culpables fáciles de identificar. Principalmente se debía a que en ninguna planta había prácticas generalizadas que los empleados tuvieran que llevar a cabo. Solo se daba por hecho que los conserjes llegarían y se desharían de todo lo que necesitara ser tirado a la basura. En las décadas de los sesenta y los setenta surgieron por primera vez campañas de concientización y anuncios del servicio público para atender el problema de la basura. En aquel tiempo veías a la gente lanzar basura desde la ventana de su automóvil sin ningún respeto por los espacios públicos. Naturalmente, en el interior de la fábrica no teníamos problemas de este tipo, pero al trabajador promedio no se le entrenaba para que tuviera cuidado y usara todo lo que había en los contenedores de ingredientes antes de tirar estos a la basura. En casi cada turno se desperdiciaba producto que no había sido envasado y empacado en cajas adecuadamente. Esto sucedía sobre todo cuando la línea daba marcha atrás.

De las tres etapas de producción —procesamiento, empacado y envío—, la de empacado era la más delicada.

En primer lugar, había bolsas de distintos tamaños que tenían que ser empacadas en cajas que, luego, se colocaban en tarimas para ser enviadas a una bodega para su transportación. Si había un retraso y solamente diez bolsas se sellaban a tiempo para ser guardadas en una caja para doce, esa caja tenía que esperar antes de que la pusieran en una tarima. El producto era envasado en bolsas que colgaban de una máquina, luego las bolsas eran selladas, sacadas de la línea de ensamblaje y guardadas en la caja. No había un mecanismo que contara el número correcto de bolsas que llegaban a cada caja cuando la línea se movía con demasiada rapidez o, al contrario, con demasiada lentitud. A veces, la persona que dirigía la línea arreglaba el problema manualmente, pero no siempre era así. En ese caso, el proceso se desaceleraba de forma considerable y esto ocasionaba una pérdida de cientos de dólares al día, o más. Por todo lo anterior, el desafío que me impuse a mí mismo fue buscar una solución para cuando, por ejemplo, un par de bolsas que aún no estuvieran llenas se cayeran de la línea o no fueran sacadas de esta a tiempo. Yo sabía que si lográbamos mantener la línea moviéndose sin errores, se ahorraría tiempo y dinero.

De acuerdo con lo que aprendí, el operador de la maquinaria que cortaba las bolsas podía iniciar o interrumpir el movimiento; los cortadores tenían que asegurarse de poder cortar veinte bolsas por minuto sin fallas. En el caso de las bolsas más pequeñas, podían hacer varias veces esa misma cantidad. El objetivo era llenar sistemáticamente bolsas del mismo tamaño con una cantidad específica de frituras: cortar/plegar, llenar y sellar las bolsas. Cuando había un retraso debido a cualquier razón, terminábamos en una situación a la que llamábamos "salto de bolsas" porque podíamos tener un par de bolsas vacías por aquí y por allá debido a que el producto no caía en ellas.

Las bolsas saltadas no eran un problema para los operadores porque la línea de ensamblaje aminoraba la marcha y empezaba a deslizarse suavemente en lugar de correr. De hecho, incluso les agradaba que esto sucediera. Sin embargo, implicaba desperdicio y, como yo ya estaba pensando como ejecutivo y actuando como dueño, me pareció que alguien más arriba en la cadena de mando debería enterarse de este problema y echarle un vistazo a una sencilla lista de control que hice para evitar el desperdicio. Sin embargo, antes de hablar de mi lista con alguien, quise sugerir modificaciones que ayudarían dependiendo de cuál línea estuviera en operación.

Durante mis descansos, en las horas extra y los fines de semana, les hacía preguntas a Julius y a otras personas, revisaba las instalaciones en busca de situaciones que provocaran desperdicio y hacía anotaciones sobre las áreas en que más sucedía. La zona de la línea en que noté menos desperdicio fue en la que fabricábamos los Cheetos. Me pareció interesante que fueran las frituras más difíciles de fabricar, pero las más fáciles de envasar. Se debía a la densidad, es decir, la explicación física de la oposición entre el peso de algo y el espacio que ocupa.

Los Cheetos y los Fritos son frituras pesadas, son como rocas. Por eso, cuando caen en la bolsa aterrizan en el lugar correcto sin salirse. La densidad del bulto de las frituras de papa y, en especial, de las frituras de tortilla se comporta exactamente de manera contraria. Son más grandes, pero más ligeras, lo que genera la posibilidad de rotura y de otros problemas durante el envasado. Las frituras más grandes y ligeras flotan mientras van cayendo y por eso se requiere que el operador sea más meticuloso al asegurarse de que las bolsas estén llenas.

Por cierto, lo más maravilloso de los Cheetos es que se necesita de un estallido para crearlos. En Frito-Lay, el procesamiento de ciertas frituras como los Cheetos se realiza por *extrudición*, es decir, expulsando la masa de maíz y agua a través de un tubo, como cuando se aprieta el tubo de pasta dental para hacerla salir. Luego, la masa es disparada a una matriz con una cuchilla que la corta y le da su diminuta forma de Cheeto, pero continúa cruda y blanda hasta que se fríe. Cuando cae en el aceite de la freidora, estalla y se convierte en una fritura inflada sin sazón, es decir, no tiene sabor, pero ya cruje y está lista para la aplicación húmeda de queso y sazonador, la cual se conoce como *lechada*.

Para hacer mi análisis de los lugares en los que la empresa estaba perdiendo dinero debido al desperdicio de suministros, me lancé en una misión de búsqueda de hechos que implicó detectar los detalles más insignificantes. No tenía idea de que entender estos problemas a la perfección me resultaría útil más adelante, cuando trabajara con ideas de mayor dimensión. El hecho de convertirme en un experto autodidacta en las diferencias de fabricación entre, por ejemplo, los Cheetos y los Tostitos, me permitió calcular la cantidad de insumos requerida para que cada turno tuviera una producción óptima, y cuánto de esos insumos se desperdiciaba: maíz, aceite, sazonador, etcétera.

Cuando Julius miró mis notas y la lista de control que había hecho para resolver el problema de las prácticas ineficientes de manejo de insumos, sonrió. Me miró como si yo fuera ese bateador que hasta ese momento solo había podido observar el juego desde la banca y, al devolverme mis notas, fue como si me estuviera avisando que había llegado mi turno de subir a la caja de bateo y pegarle a la pelota.

—¿Y qué esperas? —me preguntó.

Lo que quiso decir fue que, ahora, ir en busca de alguien que ocupara un lugar más elevado en la cadena de mando y comunicarle mi innovadora manera de ahorrarle dinero a la empresa, dependía solamente de mí: del Richard que aún era conserje. Julius sabía el tipo de racismo y reticencia a los que me enfrentaría. Como él era afroestadounidense y había superado el mismo tipo de barreras e incluso peores, sabía que habría algunas personas que no querrían escucharme. Claro, él habría podido intervenir y ser el mensajero, pero no quería por ninguna razón correr el riesgo de que pareciera que se estaba atribuyendo el crédito de mis observaciones. Julius era un líder y poseía ese tipo de integridad. Mucho antes de que yo me diera cuenta, él vio que esta era una oportunidad que yo había propiciado para mí mismo y que me permitiría alcanzar una de esas rocas elevadas hacia las que había estado escalando.

Cada vez que me preguntan cómo tener una idea candente respecto a la que hay que actuar de inmediato, explico que las ideas más rentables o de mayor impacto surgen cuando se trata de resolver un problema apremiante. De la invención de la rueda al cableado eléctrico para la primera bombilla, casi todos los saltos tecnológicos hacia el futuro sin los que ahora no podríamos vivir empezaron cuando alguien se rascó la cabeza y dijo: "Mmm, algo no funciona tan bien como debería. ¿Qué más podríamos hacer?".

Si le preguntas el secreto de sus ideas más candentes a la mayoría de los líderes, visionarios, creadores y empresarios, te dirán que estaban buscando una manera nueva o mejor de resolver un problema existente, o que trataban de llenar un vacío importante en el mercado.

Es posible que los demás no reconozcan la urgencia de lo que a ti te preocupa, sin embargo, cuando logres comunicar el problema y mostrar lo mucho que se necesita tu solución... señores y señoras: ¡acaban de tener una idea candente!

Yo ahora tenía, desafortunadamente, un nuevo problema. ¿Cómo iba a comunicarme con alguien más arriba en la cadena de mando? ¿Cómo hacerlo con rapidez suficiente para aprovechar la información que acababa de salir de la prensa? Mi noción de la urgencia provenía del hecho de que, desde la época de C. E. Doolin, el fundador, la filosofía de Frito-Lay había sido implementar continuamente las mejores prácticas innovadoras. Si alguien se enteraba de que yo estaba desarrollando una solución que podría tener gran éxito en las oficinas centrales, podría venir y robarse el crédito en un abrir y cerrar de ojos. Ese era un primer problema. Mi otra preocupación era que si no transmitía mis hallazgos de inmediato, corría el riesgo de sentirme abrumado por la ambición o inseguro por no poder comunicar el problema de manera satisfactoria, y esto me impediría hablar del proyecto más adelante.

Por todo lo anterior, sabía que el tiempo era fundamental, pero todavía necesitaba reflexionar sobre la pregunta que con tanta frecuencia me hacen: ¿Cómo identificar el instante adecuado para presentar nuestras ideas o presentarnos nosotros mismos ante la persona idónea en el mejor momento?

En parte, la respuesta radica en entender el verdadero significado de una oportunidad.

Como muchas de las palabras que han viajado hacia el idioma inglés durante períodos prolongados y a través de muchos kilómetros de distancia, la palabra *oportunidad* es un híbrido formado por otras palabras. El término latino *opportunitas* se compone de otros dos términos: *ob*, que significa "hacia" y *portus*, que significa "puerto". En el ámbito de la navegación, los marinos usaban la frase *ob portus* para describir la combinación óptima de viento, corriente y marea para navegar *hacia el puerto*.[6] Para los marinos no bastaba con saber cuáles serían las condiciones meteorológicas, nada de eso servía de gran cosa si no se contaba con la habilidad de navegar hacia un destino claro y crear así una oportunidad.

En la antigüedad, el capitán del barco tenía que esperar hasta que llegara la marea creciente para que la embarcación pudiera acercarse a la costa. Conocer el momento adecuado para regresar al puerto (o para lanzarse) exigía que el capitán observara intensamente el viento, la corriente y la marea. Si no hacía girar el barco en el momento preciso, se perdía la oportunidad de regresar al puerto.

Una buena idea, una idea que resolverá un problema o que captará la atención del público, se puede convertir en algo aun más candente si se aprovecha una oportunidad que no volverá. Por ejemplo, a pesar de que yo no lo sabía, PepsiCo ya estaba buscando maneras de ser más responsable con el medio ambiente y de reducir el desperdicio.

---

* Online Etymology Dictionary, "opportunity" www.etymonline.com/word/opportunity. (Diccionario etimológico en línea consultable en inglés exclusivamente.)

Y ahí estaba yo con una solución. Si no hubiera estado dispuesto a presionar y seguir adelante, alguien más lo habría hecho, y lo habría hecho muy pronto.

Las oportunidades no nos las dan, las creamos de la misma manera en que navegamos en nuestras propias embarcaciones. Y de hecho, eso fue lo que yo pude hacer, solo que primero tuve que aprender a usar una computadora.

A MEDIADOS DE LOS OCHENTA, MIENTRAS FRITO-LAY SE APRESURABA A MODERNIZAR la tecnología de sus oficinas, la mayoría de los gerentes de nivel medio había empezado a tener acceso a computadoras de escritorio. Para cualquier otra persona que necesitara pasar un reporte o enviar un memorándum había un par más de computadoras disponibles.

Durante mis descansos y cuando terminaba mi turno, me sentaba y me quedaba mirando la pantalla, tratando de descifrar cómo navegar en esa dimensión completamente ajena para mí. Sorprendidos, los gerentes volteaban dos veces a mirarme cuando pasaban, sin saber por qué el conserje estaba haciendo uso del tiempo de la empresa y de una de las pocas computadoras libres.

—Asegúrate de checar en tu tarjeta el horario que te corresponde. No te pagamos para que aprendas computación —me decían a veces.

Y en otras ocasiones:

—Solo haz las tareas para las que fuiste contratado.

Una noche, mientras estaba sentado frente a la computadora con un diccionario, tratando de escribir mi carta y un reporte, Gina, una de las pocas gerentes mujeres, pasó por ahí y se dio cuenta de que algo se me dificultaba.

—Estoy en mi tiempo libre —me justifiqué, antes de que ella dijera algo siquiera.

Pero a Gina no le preocupaba eso. Cuando le expliqué que estaba escribiendo una carta y un reporte que le quería entregar a nuestro gerente de planta o tal vez a alguien en las oficinas centrales, se impresionó. Antes de irse a casa, me dijo:

—¿Sabes, Richard? No necesitas un diccionario.

—Es que no soy muy bueno en ortografía —confesé. ¡Si Gina hubiera sabido que prácticamente no sabía escribir!

Ella rio, me habló de los correctores ortográficos y luego me enseñó los rudimentos de los procesadores de palabras. Cuando notó lo ambicioso que era mi reporte, se involucró y empezó a ayudarme para lograr mi cometido. Durante los siguientes días, Gina me enseñó todo lo que sabía sobre las computadoras: cómo diseñar gráficas, gráficas de barras y demenciales documentos multicolores. De pronto mi reporte tenía la apariencia de haber sido desarrollado por un profesional.

A veces pienso en ese momento y me pregunto qué habría sucedido si, en lugar de ella, alguno de los jefes malhumorados que me juzgaban hubiera pasado por ahí. El hecho de que Gina apareciera en el lugar correcto justo cuando yo lo necesitaba, fue una *lección sobre confiar en que la gente llegará a tu vida para ayudarte con las cosas que estás destinado a hacer.*

Los siguientes movimientos, sin embargo, dependerían de mí.

En el sistema de mando y control de aquel tiempo, dirigirte a los superiores de tus jefes inmediatos representaba una franca insubordinación. ¿Podrían despedirme? Probablemente no, pero sí podrían degradarme, guardarme resentimiento o marginarme porque mi lista de control para evitar el desperdicio exigía más trabajo por parte de los operadores y los gerentes. Para ese momento, yo ya casi ganaba nueve dólares por hora, pero eso aún no era suficiente para cubrir mis gastos. Entonces, ¿valía la pena que pusiera en riesgo la única manera que tenía de ganarme la vida en el futuro solo para tratar de ahorrarle dinero a la empresa?

Bueno, ¿por qué pensarlo demasiado? Mi objetivo era identificar un problema y ofrecer una solución, así que me dirigí discretamente a ver al gerente de la planta y le entregué el reporte.

Hasta ahora, no sé cuál fue su reacción inicial. Sé que no podía simplemente tirar el reporte porque, después de todo, yo era el conserje, y si lo lanzaba a la basura, ¡me daría cuenta!

Poco después, se les notificó a todos los empleados que la planta de Rancho Cucamonga adoptaría una serie de nuevas prácticas que tenían como objetivo eliminar el desperdicio en todas las instalaciones. Luego, esas mismas prácticas fueron implementadas en todas las fábricas de Frito-Lay del país y más allá. Al gerente de nuestra planta le pareció que las ideas eran valiosas, así que, dándome el crédito correspondiente, tal vez se dijo: *¿Por qué no hacerlas llegar a los ejecutivos de nivel superior de nuestra empresa?*

En cierto momento se conjugaron condiciones oportunas y propicias para mi programa de eliminación de desperdicio, ya que el vicepresidente de Frito-Lay era el visionario y carismático Albert Carey. Resulta que Al Carey ya era promotor de las prácticas innovadoras que le ayudarían a nuestra empresa a ser más cuidadosa con el medio ambiente. Evitar el desperdicio y la contaminación, reutilizar materiales reciclables, volvernos líderes en nuestra industria, ahorrar dinero: todas estas eran preocupaciones que ya estaban en el radar de Carey. Evidentemente, actuar en el momento propicio fue lo que marcó la diferencia para mi propuesta.

Los cambios entraron en vigor casi de inmediato y en los años siguientes le ahorraron a la empresa millones de dólares. A mí solo me nombraron Empleado del mes y me dieron un modesto aumento. En realidad no me molestó que no organizaran un desfile en mi honor o que no me promovieran a un puesto prestigioso porque, incluso si nadie dice nada, a veces la recompensa de una buena idea es simplemente que te permite reconocer tus capacidades. Digamos que solo estás calentando motores para algo mucho mayor. Como era de esperarse, algunos de los gerentes se enojaron porque fui más allá de lo que le correspondía a mi puesto. En aquel tiempo no había gerentes mexicano-estadounidenses, por lo que algunos de sus comentarios fueron ligeramente racistas:

—Apreciamos el esfuerzo, Montañez, pero debería dejar este tipo de programas en manos de los graduados universitarios.

Luego alguien más respondió a ese comentario justo frente a mí.

—Este tipo se cree vicepresidente y ni siquiera sabe hablar bien.

Un par de gerentes preguntaron si había yo tomado las ideas de algún otro sitio. Uno alabó mi trabajo, pero luego añadió que le daba gusto que yo no fuera "uno de esos flojos". Desafortunadamente, esos comentarios sobre el estereotipo del analfabeta, flojo, carente de educación y ladrón eran demasiado frecuentes.

Algunos gerentes y compañeros de trabajo se sintieron orgullosos y me felicitaron por las mejoras en los lineamientos. Muchos otros ni siquiera sabían que los cambios se habían implementado a partir de mis sugerencias.

A un año de que mi reporte causara revuelo en la corporación, tuve otra experiencia interesante. Fue algo que me enseñó una lección sobre la manera en que nos llegan las oportunidades, la cual he aplicado desde entonces. A todos nos dicen que el éxito puede depender de "a quién conoces", pero yo aprendí que no se trata tanto de a quién conoces, sino de quién te conoce a ti. Al Carey y yo nunca nos habíamos visto en persona y tampoco habíamos tenido interacción escrita, lo cual no era raro. Sin embargo, él sabía de mi existencia gracias a mi reporte sobre el desperdicio. Un día que llegué a la planta, todos comentaban emocionados que vendría a visitar Rancho Cucamonga: cosa que ningún vicepresidente hacía.

Pero ese era Al Carey, un ejecutivo al que le interesaba conocer a la mayor cantidad posible de empleados y reunirse con ellos. Los directores y los gerentes tendrían una comida con él, pero no se planearon eventos para que se encontrara con ninguno de los trabajadores de primera línea.

Por casualidad, el día fijado para su llegada yo estaba cerca de la entrada principal cuando él pasó por ahí rodeado de gerentes de nivel superior y listo para iniciar su visita a nuestra planta. De repente hubo una pausa en el recorrido: una oportunidad para acercarme y presentarme. Yo sabía que era un sacrilegio, algo que iba en contra de todas las reglas de mando y control corporativo, pero de pronto me salió lo gueto del fondo del alma. Cuando era más joven llegué a ver a hombres enfrentarse con navajas en mano, así que esto ¡sería un juego de niños!

A medida que me acerqué a Al, varios de los gerentes empezaron a ponerse de todos los tonos de verde.

—Señor Carey —dije, extendiendo el brazo para saludarlo—. No nos conocemos, pero soy Richard Montañez, formo parte del equipo de servicios genera... —y antes de que terminara la frase, él estrechó mi mano y la agitó vigorosamente.

—¡Por supuesto! Me da gusto conocerlo en persona, Richard —dijo, y me felicitó por el éxito del programa.

Cuando mencioné que había estado jugueteando con otros proyectos, me entregó su tarjeta de presentación con su número directo y me hizo prometerle que le llamaría siempre que tuviera algo que quisiera que él revisara.

Y por supuesto que hubo algo poco después, cuando tuve mi siguiente idea candente.

🔥

EN EL MUNDO DE LAS *START-UPS*, Y DE ACUERDO CON MUCHOS DE LOS EXPERTOS QUE RASTREAN los logros de los empresarios e innovadores, usualmente se cree que una persona solo puede tener una o dos grandes ideas. Yo no estoy de acuerdo con eso. Creo que todos tenemos el potencial de convertirnos en una fuente inagotable de ellas. Independientemente de que alguien nos dé o no una gran oportunidad, o de que nos lleven *ob portus* —hacia el puerto—, ser el capitán de nuestra propia embarcación depende del dominio que tengamos en nuestra área y de que elijamos serlo.

Tú y tu confianza surgirán en cuanto la mentalidad de dueño se conjugue con el conocimiento adquirido a

través de una observación meticulosa que habrás realizado durante semanas, meses y años, de la manera en que
funciona un negocio. Tu habilidad para crear oportunidades y aprovechar el momento propicio siempre depen-
derá de que controles y manejes la paciencia como uno de
los activos de tu travesía, pero también de que aprendas a
moverte con agilidad cuando tengas una idea candente,
oportuna o necesaria.

   ¿Qué sucede si todavía no cuentas con ese tipo de confianza en ti mismo? ¿Qué pasa si no estás seguro de poder
proponer algo nuevo o relevante? A menudo me preguntan esto y sé que muchos nos hemos sentido así. Por lo
que he visto, el remedio consiste en cambiar tu mentalidad para pensar como ejecutivo y actuar como dueño a
través de un mejoramiento de las condiciones para generar ideas y oportunidades. Pon a prueba algunas de estas
estrategias:

1. *Conviértete en alguien que resuelve problemas.* Invierte
   uno o dos días en explorar tu entorno laboral actual y
   pregúntate qué te gustaría mejorar en él. Presta atención, por ejemplo, a las tareas que están siendo dupli-
   cadas. ¿Podrías proponer una manera de optimizar
   ese esfuerzo? Actualmente muchos negocios gastan
   demasiado tiempo y recursos porque con frecuencia
   los empleados hacen el mismo trabajo o, incluso, el
   doble de trabajo. Por ejemplo, a veces se imprimen o
   se envían por correo postal formas que podrían hacerse llegar fácilmente de manera electrónica. Si notas una posibilidad de mejoramiento en tu industria,
   ¿se te ocurre algo lógico para resolver esas situaciones
   problemáticas? Ahora trata de visualizar la manera en

que mejoraría el ambiente si se implementaran esas modificaciones. El cambio de mentalidad implica que en lugar de seguir sintiendo que solo eres un engrane del mecanismo, empieces a ver el valor de tus contribuciones.

2. *Enumera tus ideas previas.* En nuestra infancia, muchos tenemos ideas maravillosas sobre lo que queremos ser y hacer cuando seamos grandes. Lo único que limita a nuestra imaginación es la dura realidad. Cuando miras en retrospectiva y recuerdas tus ambiciones y tus ideas divertidas, en realidad lo haces a través de ese individuo soñador que vive en tu interior, lo cual no tiene nada de malo. Tal vez fue la manera en que lograste hacer mucho dinero con un trabajito cuando eras adolescente, o quizá alguna vez propusiste un concepto creativo para un proyecto escolar o pusiste en marcha tus ideas para redecorar y transformar el espacio que habitabas. Es posible que hayas tenido una idea increíble que no funcionó porque no era el momento correcto o porque no supiste venderla. Sin embargo, esto es prueba de que estás en el camino correcto para tener ideas aún más candentes la próxima vez.

3. *Si te llueven limones, haz pie de limón con merengue.* ¡Nota que no dije "Prepara limonada"! A lo que me refiero es que las ideas más exitosas suelen ser conceptos originales o extravagantes que se te ocurren justamente cuando tienes hambre de algo más. En una ocasión, en Frito-Lay se descompuso una máquina que se usaba para cortar las frituras en piezas más pequeñas. Estaban a punto de tirar el producto cuando, de repente, vi una de las frituras y noté algo que me dio una idea: si las fabricáramos más grandes, sería mucho más

sencillo remojarlas en salsa. Entonces guardé una fritura anormalmente grande en una bolsa y se la envié a nuestro fundador corporativo en las oficinas centrales; también le envié unas muestras al director ejecutivo de nuestra corporación matriz. Intrigados, ambos las enviaron a su vez a los integrantes del equipo de Investigación y Desarrollo, quienes se hicieron cargo, recrearon las frituras extragrandes y convirtieron aquel error en un nuevo producto que se volvió un éxito. ¡Qué gran sorpresa! La lección radica en que si ves los errores y los inconvenientes como oportunidades para aprender, o si les permites que te revelen la manera de evitarlos la próxima vez, podrías darte a conocer como una persona creativa.

4. *Acepta tu propósito.* Es posible que el lugar donde te encuentras ahora no sea donde te gustaría estar mañana o la semana próxima, pero si te retas a ti mismo a reconocer el propósito del lugar adonde llegaste, te sentirás más inclinado a creer que todo lo que estás aprendiendo son semillas de oportunidad siendo plantadas. Quizá no tengas un director ejecutivo o un superior que anime a los empleados a desarrollar y a presentar ideas para mejorar el balance de la empresa. Sin embargo, nos encontramos en una época en la que el lema es "Estamos todos juntos en esto" y la siguiente gran idea podría representar la salvación colectiva, o podría facilitarle su labor a un trabajador esencial o a alguien que se desempeña en las primeras líneas de acción contra la pandemia. Tal vez no seas médico ni puedas desarrollar un tratamiento o una vacuna, pero incluso en los tiempos difíciles surgen oportunidades para proponer ideas y servir a otros.

Hay dos prácticas más que te sugiero vehementemente implementar para aumentar tu capacidad de desarrollar ideas. Ambas son fruto de experiencias que me ayudaron a sentirme seguro, a propiciar oportunidades y a divertirme en el proceso: (a) genera un círculo de lluvia de ideas; y (b) empieza de a poco. Es importante que la gente a la que invites a tus sesiones de lluvia de ideas sean personas en las que confíes, como familiares cercanos y colegas. Será muy útil que sepan desde el principio que si surge algo de este esfuerzo colectivo, la oportunidad se repartirá entre todos. Crea un ambiente de confianza para que todos puedan compartir sus ideas sin aprehensión; aunque tal vez no todas las propuestas tengan gran mérito, cuando surja algo interesante, habrá retroalimentación. Mi círculo para la lluvia de ideas lo conformaba mi familia; solíamos jugar con distintas propuestas de trabajos alternativos para obtener más ingresos, o ideas para inventar o mejorar productos. Te explicaré el sistema. Primero reunía a la familia y a cada persona le daba diez chocolates M&M y un vasito de papel que usábamos para desarrollar ideas nuevas. Si a alguien se le ocurría algo bueno, le daba otro M&M, y si alguien era demasiado negativo respecto a la idea de otro miembro de la familia, tenía que regresar un M&M. Si yo decía, por ejemplo, "Vamos a fabricar un vaso sin base" y uno de los niños gritaba "¡Es pésima idea!", él tenía que devolver un M&M. Si uno de los chicos proponía ponerle aire acondicionado al vaso, yo asentía diciendo: "Me parece algo original", y le daba un M&M más. Era un juego seguro, divertido y, además, ¡sabroso!

Cuando decides poner en marcha una idea, vale la pena que comiences de a poco porque apenas estás practicando los pasos necesarios para lanzarla al mundo.

Hazlo poco a poco. Tal vez veas un producto o artículo que podría interesarle a un jefe o a alguien que querría ayudarte a emprender tus ideas más adelante. Envíale la información a esa persona, así te crearás la reputación de alguien que tiene buen instinto y que presta atención a las tendencias en las noticias y en el mercado. Además, de esta manera adquirirás experiencia y desarrollarás la confianza necesaria para actuar más adelante, cuando surja una idea más ambiciosa.

¿Qué sucede cuando crees que tienes algo realmente bueno entre manos y te parece que ha llegado el momento de moverse con rapidez?

Hay tres aspectos a considerar que te ayudarán a verificar si esa revelación que tuviste es en verdad una idea candente, si el tiempo es oportuno o no, o si tal vez necesites regresar a la mesa de diseño. Analicemos estos tres aspectos y hablemos de algunas de las industrias en las que las ideas tienen tracción. En primer lugar, pregúntate lo siguiente para medir tu nivel de candencia:

1. *¿Alguien querría robarse esta idea?* Piensa en el ejemplo de la enfermera que trabajaba en una sala de cuidados intensivos con pacientes que habían sufrido derrames cerebrales o que no podían hablar, y que creó una serie de dibujos que luego transformó en un tablero ilustrado de comunicación. Un paciente podía, por ejemplo, señalar en el tablero un dibujo de la parte del cuerpo que le dolía o de la intensidad del dolor. ¡La importancia de esta idea era de vida o muerte! ¡Claro que alguien querría robársela! La enfermera se fue a casa, desarrolló el prototipo e invirtió su propio dinero para fabricar tableros que luego empezó a venderles a sus jefes en el hospital.

2. *¿Tu idea tiene ventajas que podrían sumarse a su atractivo? Me refiero a que tal vez vaya surgiendo en un momento propicio o haya un interés particular en ella.* El empleado de una zapatería siempre escuchaba a sus clientes adolescentes quejarse de lo difícil que era que sus zapatos tenis lucieran limpios, así que cuando se enteró de que una pequeña compañía local tenía una asombrosa solución en spray para limpiar y proteger todo tipo de materiales, probó el producto en sus propios tenis y comprobó que los limpiaba como si fuera mágico. El empleado llegó a un acuerdo con la pequeña compañía y se asociaron para un proyecto que él solo consideró como un trabajo alternativo para tener un ingreso adicional. En un momento en que la economía estaba abatida y que a los chicos solo les daban permiso de comprarse un par de tenis en lugar de tres, este hombre se lanzó en cuanto vio la oportunidad de vender un producto que permitiría que ese único par luciera como nuevo todo el tiempo. Empezó a vender el producto en bazares, bajo el riesgo de que alguien le robara la idea cuando se enteró de que había una empresa que distribuía un paquete de productos de limpieza y protección del calzado, y le vendió su negocio a ese distribuidor. De esa manera obtuvo una generosa ganancia para sí mismo y para los dueños de la compañía que inventó el producto.

3. *¿Puedes diseñar un demo o prototipo rápidamente y sin invertir demasiado dinero?* Precisamente antes de que la pandemia obligara a tantos negocios a cerrar, la gerente de una de las oficinas de una gran institución financiera estaba jugueteando con una propuesta para realizar reuniones de manera virtual. En cuanto comenzó

el cierre, pudo revisar su propuesta y conectarse con un proyecto de videoconferencias que le ayudó a mostrarles a sus jefes la idea. Estos, a su vez, actuaron con inteligencia, respaldaron la propuesta y, gracias a ello, no desaprovecharon ni un minuto del tiempo que los empleados estuvieron en casa.

Tener la habilidad de reaccionar frente a una idea que llega en un buen momento, es una gran ventaja. También es bueno tomar las ideas que no necesariamente son urgentes o candentes, y tratar de desarrollarlas como si lo fueran. En realidad solo estás en fase de calentamiento y practicando tu capacidad para desarrollar propuestas, que fue lo que sucedió en mi caso. Sin darme cuenta, el hecho de comenzar con proyectos modestos me permitió preparar el escenario para las ideas más ambiciosas que había anticipado y por cuya revelación había estado rezando.

Cuando tengas un producto atractivo, un concepto o un enfoque innovador, no pidas permiso para actuar, solo hazlo. No permitas que los obstáculos o tus detractores de desanimen. Las puertas se abrirán y la gente idónea llegará para indicarte el camino a tu destino.

Por cierto, si una idea candente es puesta en acción y falla, no creas que fracasaste. Es una señal del universo indicándote que aprendiste a actuar respecto a tus propias ideas, así que sigue trabajando. Yo tuve muchas que no llegaron a ningún lado. El programa que diseñé para eliminar el desperdicio no me volvió rico, pero gracias a él gané el respeto suficiente para que, tiempo después, cuando mis jefes pensaron en desarrollar nuevos manuales de entrenamiento para distintas máquinas, me solicitaran que me hiciera cargo. ¿Lo puedes creer? Después me pidieron que entrenara a trabajadores y operadores de primera línea para que manejaran los nuevos procedimientos, equipo y protocolos. Pero seguía siendo el conserje que hacía algunas otras tareas no incluidas en su contrato. Mi empeño en dominar la computadora y escribir aquel primer reporte también me trajo muchas recompensas. Poner a prueba una idea en el momento correcto me dio confianza en mí mismo y me hizo pensar que me acercaba a una revelación única y distintiva. Aprendí que podría hacer incluso más en cuanto encontrara la idea correcta. Una más ambiciosa y candente.

A continuación te hablaré de otra clave para que tus revelaciones ganen terreno, una que me habría gustado que alguien me explicara mucho antes.

5

No temas hacer el ridículo

(¡Pero no se lo digas a nadie porque la grandeza a menudo llega de formas ridículas!)

abías que antes de alcanzar el éxito, los líderes, empresarios, innovadores e inventores más famosos del mundo primero tuvieron que reunir valor para hacer el ridículo?

Este es uno de los secretos mejor guardados de la grandeza. Es algo que no se menciona en ninguno de los renombrados programas de maestría del país, o al menos, es algo que yo no he visto a pesar de que he ofrecido conferencias en la gran mayoría. No obstante, te aseguro que la grandeza con frecuencia llega en formas ridículas; y créeme que aunque yo empecé a aprender sobre el tema siendo aún muy pequeño, me tomó muchos años dominarlo.

EL PRIMER DÍA DE CLASES EN EL TERCER AÑO, ME ENTERÉ DE QUE HABÍAN CAMBIADO LA FORMA DE SENTARSE a la hora del almuerzo. En lugar de quedarme con el grupo minoritario al que pertenecía, ahora tenía que buscar un lugar en otras mesas y tratar de que me dejaran sentar ahí. Antes de eso, mis amigos de piel morena y yo permanecíamos segregados de los otros estudiantes y comíamos el almuerzo en nuestro grupito, alejados de los demás. Ese día, me sentí como en el inicio de una película de terror en cuanto comprendí que estaba a punto de caer en una trampa y que me ridiculizarían aún más que en una pelea con navajas.

Miré alrededor y vi en las mesas a todos los niños blancos abriendo sus loncheras al mismo tiempo. Podría jurar que incluso todos traían el mismo almuerzo: mortadela sobre pan blanco y un *cupcake*. Seguramente todos notaron el terror en mi rostro. Todavía tenía que sacar mi almuerzo de la bolsa y sabía que, definitivamente, no se trataba de un sándwich de mortadela.

Fue como el escenario de una pesadilla, como si el tiempo se hubiera detenido. Desde mi perspectiva, absolutamente todos los estudiantes en las otras mesas voltearon a mirarme en cámara lenta mientras yo sacaba mi comida. En sus rostros se hizo evidente que era lo más ridículo y extraño que habían visto en su vida. Sí, tal vez algunos ya lo habrán adivinado, y están en lo correcto: mi almuerzo era un burrito.

Como si un platillo volador acabara de dejar caer en mi lonchera una forma alienígena desde el espacio exterior, la visión de mi burrito hizo que todos los otros niños de tercer grado me señalaran riéndose a carcajadas. Luego, solo siguieron comiendo sus sándwiches de mortadela, pero yo estaba demasiado *mortificado*. Aunque me moría de hambre, la vergüenza y el ridículo que acababa de hacer me impedían comer, así que lentamente y con un aire casual, volví a deslizar el burrito hacia el interior de mi lonchera. Mi estómago rugía, pero la posibilidad de que se volvieran a burlar de mí era mucho peor.

Al verlo en retrospectiva, entiendo que eran los sesenta y casi no había Taco Bell, Del Taco u otros restaurantes mexicanos prominentes. Ni siquiera había vendedores ambulantes. Desde la perspectiva histórica, resulta que no fue gracias a un puesto de tacos que los burritos llegaron a la región de Inland Empire en el sur de California. ¡Fue gracias a mi mamá y a mí!

Ese día, cuando regresé a casa, le conté a mi madre sobre la vergüenza que había pasado y le entregué el burrito.

—Mañana, por favor —dije en tono suplicante—, ¡mándame un sándwich de mortadela y un *cupcake* como los de los otros niños!

—No, *mijo* —dijo negando con mi burrito aún en la mano: esto es lo que *tú* eres.

La miré con un gesto de impotencia.

—¿Sabes? —añadió de repente—. Tengo una mejor idea.

Al día siguiente, la genio de mercadotecnia que era mi madre me entregó la lonchera como de costumbre, pero en esta ocasión no había uno sino dos burritos en ella.

—Llevas un burrito para ti y otro para que hagas un nuevo amigo —me explicó.

Entre dientes debo haber mascullado algo como "Esto es ridículo", pero tenía que intentar *algo* porque, de lo contrario, me iba a morir de hambre.

Ese jueves no tuve otra opción más que superar mi miedo de hacer el ridículo y tratar de encontrar a alguien que quisiera probar un burrito. Para mi sorpresa, ¡fue muy sencillo! ¿Quién iba a imaginar que por lo menos un niño ya estaba aburrido de comer el mismo almuerzo tooodos los días?

De pronto, todo cambió y me convertí en emprendedor. El miércoles no comí mi ridículo burrito; el jueves, mi madre me dio dos burritos; y el viernes, llegué con dos bolsas llenas de esta comida mexicana y vendí cada uno por veinticinco centavos de dólar. ¡Se agotaron! Lo que una vez fue ridículo se transformó en algo delicioso y yo había echado a andar un negocio. O mejor dicho, mamá y yo ahora éramos empresarios.

Lección aprendida. El hambre personal puede ser un antídoto para el miedo, y el hambre de los otros niños y su deseo de probar algo nuevo y diferente puede traer una recompensa. Lo único que tuve que arriesgar fue el fugaz dolor de hacer el ridículo.

¿Qué sucedió? Bien, a los ocho años acababa de recibir mi primera revelación, la cual condujo a una revolución. Esa verdad que me fue revelada (¡por mí mismo!) era que la noción de pertenecer a un grupo estaba sobrevaluada. Aunque tengas grandes deseos de pertenecer al sistema dominante, tienes que entender que eres demasiado ardiente para ser promedio, para encajar en un grupo. No fuiste creado para jugar a la segura ni para ser como todos los demás, tampoco para evitar el ridículo. Fuiste creado para brillar, para ser especial, para destacar.

Naturalmente, buena parte del mundo laboral no entiende el valor de que a los empleados o ejecutivos se les puedan ocurrir productos o ideas de mercadotecnia ridículos. Es una lástima porque las empresas que se benefician de la innovación deberían crear un ambiente propicio para que los empleados se sientan cómodos si acaso llegan a sonar ridículos al proponer ideas fuera de lo común. Piensa en todos los proyectos exitosos de emprendimiento que surgieron cuando los desarrolladores tuvieron el valor de sugerir soluciones presuntuosas que resultaban divertidas o definitivamente tontas. Nadie en el mundo necesitaba una piedra como mascota, pero a alguien se le ocurrió este concepto, la industria de los juguetes decidió respaldarlo y la moda subsecuente produjo millones de dólares. Los creadores de Facebook no tenían la intención de competir con Myspace, solo querían diseñar una red social en su universidad para conseguir citas con chicas —lo que prueba que más vale ser amable con los *nerds* que se atreven a ser ridículos—, y muchos saben que Steve Jobs instó a los *geeks* de todo el mundo a "continuar siendo bobos".

Tal vez ahora te estés rascando la cabeza y preguntándote qué puedes hacer además de implementar los cambios de mentalidad y las estrategias que ya cubrimos. Quizá estés pensando: *Vaya, el problema es que sigo sintiéndome bloqueado cuando trato de actuar y darme ese empujoncito que tanto necesito.* Si es así, posiblemente haya llegado el momento de animarte a dejar atrás el miedo de parecer estúpido.

Muchos estamos familiarizados con el miedo al fracaso, a ser distintos, a no ser aceptados, a proponer una idea tonta y que nos digan "No". Pero yo puedo sugerirte algunos remedios para ello.

* *Tómatelo a la ligera.* No te tomes a ti mismo tan en serio todo el tiempo. Si lo que te preocupa es que alguien más se burle de ti, ¿por qué no hacerlo tú para empezar? Antes me mortificaba muchísimo hablarle a la gente sobre mi falta de preparación académica, pero ahora soy un acérrimo defensor del aprendizaje autodidacta,

y el primero en confesar que soy la persona sin educación más brillante que conocerás.

* *Falla a propósito.* Libérate de la presión de tener que
ser perfecto siempre. Experimenta con una idea en un
entorno seguro y de preferencia en tu tiempo libre, y
trata de fallar a propósito. Cuando superes el miedo
que le tienes a todo lo terrible que podría suceder si te
vieras como un estúpido, descubrirás que no es lo peor
del mundo.

* *Aprende de tus vergüenzas del pasado y de la manera en
que te repusiste de ellas.* Piensa en las situaciones más
vergonzosas que hayas vivido. ¿Qué tan malo fue realmente? Es obvio que sobreviviste, así que tal vez haya
llegado el momento de permitir que esa herida sane.

* *Pon cara de "¿Y qué?".* ¿Alguna vez has decidido simplemente no preocuparte por lo que los otros puedan
pensar de ti? ¿Alguna vez solo saliste a manejar por tu
vecindario con las ventanas abajo y escuchando música ridícula y anticuada a todo volumen? Que te deje de
importar lo que digan es la mejor sensación del mundo.
Una vez que te permitas ser un poco ridículo y cursi, te
garantizo que lo disfrutarás.

Por experiencia propia sé que el mayor miedo para tu
creatividad es el miedo a hacer el ridículo frente a otros.
Sin duda, hay algunos miedos a los que debemos prestar-
les atención, pero si lo que quieres es actuar como dueño
y emprender un negocio de cualquier tipo, el miedo no te
ayudará. Estas son las dos mejores maneras de comba-
tirlo: (a) permite que el hambre que tienes de algo te ayude
a superar ese temor y, (b) cuando sientas miedo elige ser
ridículo y ve qué sucede.

Estoy seguro de que en Frito-Lay había muchísima gente a la que le parecía ridículo que un conserje anduviera por ahí tomando notas en su cuaderno y que luego escribiera un reporte sobre cómo eliminar el desperdicio innecesario. Te apuesto a que creían que yo era un tipo raro. El tipo de reacciones que la gente tenía me hizo comprender que lo mejor era poner en marcha mis ideas más temerarias y alocadas en la privacidad de mi oficina en casa.

—¿Qué te parece? —le pregunté a Judy el día que puse una mesa de dibujo y un escritorio en un rincón de nuestra pequeña sala de estar.

Le encantó. Buscar maneras de aumentar nuestros ingresos familiares no era nada ridículo, así que resultaba lógico que tuviéramos una oficina en casa. La única manera en que la mayor parte de la gente de nuestro barrio lograba complementar sus ingresos era teniendo más de un empleo. Por eso intentamos todo: recolectar, recargar y vender baterías usadas; ir de puerta en puerta y tomar órdenes para vender la salsa y las tortillas de Judy hechas en casa; envasar chiles picantes; vender mis servicios como horticultor; e incluso copiar y vender casetes con grabaciones de mis eclécticos gustos musicales.

Y cuando digo "intentamos" en plural, hablo literalmente. Judy, nuestros dos muchachos, yo y, más adelante nuestro tercer hijo, hicimos del emprendimiento un asunto familiar. Porque, bueno, para empezar, era mano de obra gratuita. Pero más que eso, fue porque cuando me decidí a desarrollar y practicar mis habilidades como empresario, me di cuenta de que para construir mi propio negocio necesitaría trabajar en equipo. Mi objetivo también era que nos brindáramos tiempo de calidad como familia.

Nos lanzamos con todo. En cuanto yo regresaba del trabajo por la noche, o incluso mucho más tarde si me había tocado el turno nocturno, en lugar de ponerme cómodo me quitaba la ropa que usaba para trabajar en la planta y me ponía un traje formal que había comprado en Goodwill. Luego tomaba un portafolios de segunda mano lleno de papeles importantes —notas, dibujos, ideas de posibles proyectos— y me iba directo a trabajar en mi oficina del rincón. Tal vez nada de esto te parezca excesivamente ridículo, pero créeme que llevé las cosas aún más lejos.

Tuve, por ejemplo, la audacia de darle a nuestra operación familiar un nombre como si fuera una empresa. No habíamos generado ganancias todavía, pero yo estaba seguro de que lo haríamos. No busqué un nombre efectista para llamar la atención, preferí usar nuestra ubicación y el problema que nos preocupaba: la búsqueda y el desarrollo de un pequeño negocio exitoso. Nos llamamos Rancho Cucamonga R & D (Investigación y Desarrollo, por sus siglas en inglés). Imprimí tarjetas de presentación y recurrí al talento artístico que había heredado de mi padre para diseñar un logotipo que imprimí en camisetas para todos: Judy, mis muchachos y yo. Creo que fuera de mi familia, cualquier otra persona debe de haber creído que estaba yo loco.

Judy y yo íbamos de puerta en puerta con nuestros hijos, y después con el bebé también, para vender productos o tomar órdenes. Todos luciendo nuestras camisetas. Judy y los muchachos fueron un éxito, pero creo que algunos se rieron de mí cuando, en un gesto un poco ridículo, les entregué mi tarjeta de presentación a pesar de que ya me conocían.

¿Pero a quién le importa? ¿De qué otra manera podía destacar? Para ese momento estaba plenamente convencido de que una revelación mayor, más ardiente estaba en camino, y solo quería estar preparado para recibirla y actuar. De esta manera, después de practicar el arte de ver lo que los otros no veían y de crear oportunidades para mí mismo, llegué a la conclusión de que cuando mi revolucionaria idea llegara yo la reconocería porque, al igual que la grandeza, la excelencia suele llegar en formas ridículas.

Como sucede con la mayoría de los intentos por mejorar, entre más trabajes y te atrevas a ser diferente, más hábil te harás en este sentido. Yo me sentí bien al descubrir que lo ridículo era un rasgo del *emprendedor*. Incluso la palabra, proveniente del francés *entrepreneur* es ligeramente ridícula. Un día estaba con un amigo en un bazar y la usé para explicarle mi actividad alternativa a mi trabajo en Frito-Lay.

¿Empren... que? —me preguntó. Le expliqué lo que significaba, pero él me preguntó en qué se diferenciaban eso y tener un "trabajito adicional".

Los etimólogos han seguido el rastro de esta palabra hasta mediados del siglo dieciocho, cuando el rey de Prusia escribió: "Si en el país no hubiese abundancia de forraje, deberán llegar a un acuerdo con un *Entrepreneur* para obtener la cantidad requerida". En el siglo diecinueve también se le describió como "mensajero o persona que inicia cualquier tipo de actividad"[7] (a diferencia de solo hacer un negocio). Con el paso del tiempo la palabra evolucionó hasta

---

[7] Online Etymology Dictionary, s.v. "entrepreneur" <www.etymonline.com/word/entrepreneur> (Diccionario etimológico en línea consultable en inglés exclusivamente.)

referirse a una persona ambiciosa cuando se aplicaba al dueño de un negocio independiente, cualidad que también podemos encontrar en la frase *espíritu emprendedor*.

En Rancho Cucamonga R & D tuvimos algunos fracasos. Aunque la salsa de Judy era un éxito entre todas las personas que la probaban y la gente seguía comprando sus tortillas, producíamos mucho y vendíamos menos de lo que esperábamos. Para que los productos no vendidos no se desperdiciaran, los donábamos para ayudar a la gente más pobre de la zona. Lo hacíamos incluso cuando nuestras propias alacenas comenzaban a vaciarse. No había necesidad de sentirse avergonzados por nuestro fracaso, incluso sabiendo que algunas personas comentaban lo estúpidos que éramos al creer que podríamos ganar dinero con ese negocio.

Naturalmente, a veces me desanimaba, pero entonces iba a la biblioteca excesiva y ridículamente bien vestido con mi traje de Goodwill, y leía sobre famosos emprendedores y empresarios. Así fue como descubrí que muchas de sus ideas originalmente fueron posibilidades remotas. Cuando Ray Kroc franquició y luego les compró su negocio de hamburguesas a los hermanos McDonald, tuvo la visión de crear una cadena nacional, lo cual era en aquel tiempo un sueño imposible y ridículo. Kroc tenía cincuenta y tantos años, estaba en bancarrota, estaba mal de salud y no había hecho nada de importancia en su carrera. Sin embargo, pocos años después ya había vendido cien millones de hamburguesas. La gran genialidad de Ray Kroc y del equipo que formó radicó en comprar los terrenos en los que se establecían los restaurantes de McDonald's. El imperio que construyó en realidad tenía como base los bienes raíces, no los alimentos.

Leyendo encontré un ejemplo tras otro de distintos tipos de individuos que empezaron ya tarde en su vida, pero luego alcanzaron un éxito fenomenal. Naturalmente, me dieron esperanza. No porque fuera viejo a los veintiocho años, sino porque a veces me sentía estúpido y fracasado por haber dejado la escuela siendo tan pequeño. Este es uno de mis mensajes más importantes para el público joven, de la misma manera que lo fue para mis hijos y nietos: "No abandonen la escuela, sean aplicados y acepten con gusto todos los aspectos de su educación". Tal vez, en el tema de permanecer en la escuela lo que estoy tratando de expresar es: "Hagan lo que les *digo*, no lo que *hice*". O más bien, lo que *no hice*.

El hecho de que hoy en día pueda afirmar que me ha ido bien sin contar con una educación formal, es un argumento más para sugerirte que avances cuanto te sea posible en tus estudios. Si yo logré tanto con solo estudiar hasta el sexto grado, imagina cuán exitoso podrías ser tú si aprovechas todas las oportunidades educativas que se te presenten. Durante el tiempo que traté de desarrollar ideas no convencionales para tener mayores ingresos, llegué a apreciar mucho más los años que pasé aprendiendo en "salones de clase" no tradicionales, cuando me fui de casa a los catorce años y empecé a trabajar en diferentes empleos, careciendo de las comodidades de las que suelen gozar los niños, viajando en tren, buscando comida por ahí, escuchando a personas que habían visto una faceta de la vida desconocida para la mayoría y durmiendo con el cielo lleno de estrellas como único techo sobre mi cabeza. Así conocí más gente y desarrollé la habilidad de hablar con prácticamente cualquiera persona, a su nivel y con la libertad de ser yo mismo.

Entre mejor entendía que la grandeza podía llegar de maneras ridículas, más me empeñaba en buscar evidencias de ello. Me reconfortó saber que el fundador original de Fritos y el creador de las Saratoga Chips tuvieron que sobreponerse al miedo de parecer estúpidos. C. E. Doolin quería una botana de maíz salada para una tienda que vendía dulces. Qué tonto, ¿no? El chef que inventó las frituras de papa solo lo hizo para molestar a Cornelius Vanderbilt, pero inesperadamente se convirtió en una leyenda.

Pero la saga que en verdad me fascinó fue la de Roger Enrico, precisamente el director ejecutivo de Pepsi que tiempo después enviaría su video pidiéndonos a todos los empleados que nos comportáramos como dueños. En su historia hay muchos momentos en los que venció el miedo a hacer el ridículo y se atrevió a actuar de una forma decisiva que le produjo recompensas una y otra vez.

Después de graduarse, en lugar de seguir la ruta usual y estudiar una maestría en una de las universidades del circuito Ivy League, Roger Enrico se enlistó en la Marina y sirvió en la Guerra de Vietnam. A los veintiséis años, siendo ya veterano de guerra, dejó su empleo como gerente de marca en General Mills y empezó a trabajar para Frito-Lay. En un período de once años, su audaz estilo de liderazgo lo colocó al timón de PepsiCo, justamente en la época en que se intensificó la épica guerra de las bebidas de cola. De hecho, Pepsi se encontraba en problemas y estaba a punto de perder de manera desastrosa.

Aunque todo lo que hizo Enrico para orquestar una victoria para Pepsi en la lucha contra Coca fue estratégico, muchos lo percibieron como inaceptable e incluso ridículo: desde hacerse cargo de absolutamente todos los detalles de la campaña publicitaria de Pepsi Generation hasta firmar con Michael Jackson —en ese entonces la mayor estrella pop del mundo— uno de los contratos de patrocinio más costosos en la historia de cualquier marca. Cuando Roger escuchó la idea de proponer una prueba de sabor y presentarla como la gran batalla de las bebidas de cola, saltó de inmediato ante la oportunidad y promovió el Reto Pepsi como parte de una narrativa en la que Pepsi, de quien nadie esperaba un triunfo, se enfrentaba a Coca, el campeón de peso pesado del mundo. Los escépticos se preocuparon porque pensaron que si se desafiaba a los consumidores a hacer una prueba a ciegas para comparar a Pepsi con Coca, los resultados podrían dañar a la empresa más débil. Pero a Roger eso no le pareció un problema porque tan solo el hecho de poner en el cuadrilátero a Pepsi, para enfrentarla a la bebida de cola número uno del mundo, la situaría en una liga completamente nueva.

Coca-Cola se asustó y lanzó la desastrosa *New Coke*. Tenían tanto miedo de perder y de verse ridículos, que no se tomaron siquiera la molestia de preguntarles a sus clientes leales si el sabor de la Coca tradicional les molestaba. Poco después, la *Nueva Coca* sería considerada uno de los errores más costosos de la mercadotecnia de productos. Luego surgió la desavenencia entre la Nueva Coca y la Coca Clásica. Algunos de los incondicionales de Coca-Cola se sintieron traicionados. Roger aumentó la apuesta enviando comunicados de prensa en los que afirmaba que la Nueva Coca había muerto desde que llegó. Jugó como campeón de peso pesado incluso antes de subirse al cuadrilátero y declarar ganadora a Pepsi aunque el desafío no hubiera concluido aún: "Tras ochenta y siete años de confrontación directa, el contrincante acaba de parpadear".

El Reto Pepsi terminó y, aunque la Coca Clásica fue declarada la bebida de cola con mejor sabor, todo valió la pena. Las ventas de Pepsi se dispararon dramáticamente al convertirse en la segunda bebida de cola que más gustaba en todo el mundo. Así, Roger Enrico logró que Pepsi-Co se convirtiera en una supermarca ganadora sin rival al dar inicio a un ambicioso programa mundial que expandía la familia de marcas (incluyendo las divisiones de bebidas, alimentos, botanas y restaurantes), pero ninguna fue tan rentable como Frito-Lay: la joya de la corona.

Cuando fue evidente que la división de frituras crujientes estaba en problemas, Roger lanzó aquel video en que nos convocó a todos los empleados. ¿Acaso era ridículo que yo pensara que el director ejecutivo me estaba diciendo a mí, el conserje, que tenía la misma posibilidad que todos los demás de proponer una idea que le ayudara a la corporación? Quizá. ¿Atreverme a subir al cuadrilátero como inventor me haría lucir ridículo? Definitivamente.

¿Me daba miedo intentarlo? Para nada. Hice mi tarea y había estado entrenando para superar el miedo de quedar como tonto. Sé que no es sencillo, pero tú también puedes hacerlo. Permíteme ofrecerte algunas sugerencias que te ayudarán a aprovechar tu don natural para hacer el ridículo.

En casi cada ocasión que decidí actuar como un emprendedor al que no le importaba lo que pensaran los demás, primero me di permiso de soñar. Creo que muchos recuerdan lo que era soñar despierto cuando eran niños, pero algunos tuvimos que crecer demasiado rápido para sobrevivir y no aprendimos a ser bobos y fantasiosos. Por esto, no fue sino hasta que tuve veintitantos años y me convertí en padre, que comprendí que nunca es demasiado tarde para soñar posibilidades tan ridículas como uno quiera. Pon a prueba algunos de estos ejercicios:

* *Continúa soñando.* No importa en qué momento de tu vida te encuentres, piensa en la época en la que solías soñar despierto respecto a quién querías ser o lo que deseabas hacer en el futuro. Tal vez fue hace muchos años o el mes pasado. Cuando yo era adolescente y dejé mi hogar para mantenerme a mí mismo, usaba mis ensoñaciones para imaginar un futuro mejor. Mi sueño era tener lo necesario para comprar alimentos y pagar una renta. Tiempo después, cuando empecé a trabajar, como no siempre me gustaba lo que hacía, soñaba despierto que era un líder capaz de ofrecer consejos sabios a mi comunidad. Soñaba que tenía automóviles clásicos, motocicletas mejoradas, una gran casa y terrenos en los que podía plantar todo tipo de árboles y plantas exóticas. ¿Era una tontería? Posiblemente. Pero como estaba en mi cabeza, nadie tenía por qué enterarse. Y como yo veía todas cosas en mi interior, empecé a creer que la fantasía podría convertirse en realidad. Así que sueña despierto, fantasea e invéntate una gran historia personal.

* *Los adultos también pueden disfrazarse.* Cuando era niño me encantaba disfrazarme y jugar a que era un superhéroe, un bombero o una celebridad cultural. Conozco a muchos adultos a los que les encanta Halloween y otras ocasiones de celebración que ofrecen la oportunidad de vestirse de manera especial. Cuando actúas y te vistes de una manera que te hace sentir *cool*

y atractivo, aunque a otros les pueda parecer tonto o inadecuado, en tu interior se opera un cambio. Qué ridículo que un hombre que trabaja en una fábrica use traje y corbata en casa, ¿verdad? Vístete para estar a la par de tus sueños.

* *Reescribe tu propia historia.* Me encanta leer historias sobre empresarios famosos que no habían tenido éxito y de repente decidieron reescribir su historia para, en el siguiente capítulo, ser felices para siempre. Qué ridículo que alguien sin trayectoria decida que en la próxima etapa de su vida lo tendrá todo: fama, fortuna, amor, logros, impacto social, etcétera. Si aún no te has dado oportunidad de soñar despierto e imaginar cómo ganarás en la siguiente entrega de tu historia, desafíate a ti mismo y comienza desde ahora. La pluma está en tus manos.

¿Dónde estaríamos si no existieran los soñadores? ¿Dónde estarían los emprendedores, inventores e innovadores sin los sueños? Permítete soñar *cómo te sentirías si la hicieras en grande*, hazlo tan ridículamente como sea necesario. ¿Y qué pasa si forzarte a soñar te hace sentir incómodo? Déjame decirte que si un sueño no es demencial y no te asusta, entonces no es realmente un sueño.

En resumen, cuando afirmas que estás listo para esa próxima revelación que te permitirá crear una revolución, ya cuentas con lo necesario para hacer a un lado tus miedos. Como sucede con la mayoría de los innovadores y empresarios que la hacen en grande, si ya enfrentaste una serie de fracasos, decepciones y obstáculos, tienes una ventaja. Lo más probable es que hayas vivido momentos en los que les pareciste tonto a otros, pero aprendiste a tomarlo con filosofía, o simplemente te pusiste de pie, te sacudiste el polvo y seguiste avanzando.

Mi apuesta es por que triunfarás. Pero por el momento, implementemos una estrategia que combine la mayor parte de lo que hemos discutido hasta el momento.

6

El poder de "¿Y si...?", ¿Y entonces qué sigue?", hace que el riesgo valga la pena

Aunque casi siempre he vivido a poco más de una hora de Hollywood, me sigue pareciendo tan distante como Júpiter o Marte.

Y no porque yo sea un pueblerino. De hecho, soy uno de los consumidores más insaciables de los productos hollywoodenses: películas, programas de televisión y, en particular, música. ¿Y sabes qué? Tal vez venga del barrio, pero tengo muy buen gusto. Siempre lo he tenido.

Todo lo relacionado con el mundo del espectáculo solía ser como una galaxia lejana. Las mansiones, los automóviles caros, las estrellas de cine: nada de eso me parecía real. Yo era aquel niño que creció en un campamento para trabajadores agrícolas inmigrantes, que dejó la escuela en sexto año para ir a trabajar con adultos que le triplicaban la edad, que se involucró en peleas, se metió en problemas y viajó en trenes. Aquel que antes de dormir, al abrigo de las estrellas y como una especie de Tom Sawyer latino, discutía de filosofía con personajes extravagantes.

Yo fui ese mismo niño que terminó estableciéndose con una buena mujer, tuvo hijos y consiguió un trabajo de conserje, pero que luego empezó a comportarse como si fuera el dueño de la empresa y tuvo como revelación una salvaje premisa que se transformó en la revolución mundial de las botanas: "¿Y si les pusiera chile a los Cheetos?".

Evidentemente, nunca tendría nada en común con Hollywood, ¿verdad?

Pero insisto, uno nunca sabe. Es cierto que la verdad suele ser más extraña que la ficción. Y resulta que a Hollywood le encanta contar historias increíbles pero reales. Así que, como lo hemos estado diciendo, no hay nada de malo en hacerse una pregunta ridícula: *¿Podría mi historia convertirse en una película algún día?*

Por lo que he aprendido recientemente, resulta que para crear premisas nuevas y emocionantes, los grandes jefes de Hollywood suelen usar estas dos palabras juntas: *qué* y *si*. Hemos hablado de la viabilidad de las ideas que, sin importar cuán modestas sean, sirven para resolver problemas, satisfacer necesidades o, simplemente, son tan ridículas que captan la atención masiva de otros. Todavía nos quedan por explorar dos aspectos de la creación y la promoción de las ideas: (1) cómo darles un giro personal preguntándote "¿Y si...?" y cómo planear la manera en que se las presentarás a quienes toman las decisiones; y (2) cómo aplicar la pregunta "¿Y entonces qué sigue?" para superar los obstáculos en el camino y transformar tus propuestas en algo real.

Después de imprimirle tu propio sello a la pregunta "¿Y si...?", y de que decidas usarla como premisa, las cosas empezarán a marchar. El siguiente paso será preguntarte: "¿Y entonces qué sigue?". Este proceso te permite enfrentar la realidad que te obliga a pensar en lo que tú, tu empresa o tus inversionistas tienen que hacer para echar a andar el proyecto. Esto involucra un elemento conocido como *riesgo*, el cual puede ser decisivo en tu éxito.

Ahora que he tenido la oportunidad de aprender un poco sobre el proceso de desarrollo en la industria del entretenimiento, puedo decir con toda autoridad que las estrategias de riesgo de los proyectos multimillonarios son las mismas que las de las modestas mejoras que implementas en tu trabajo o que construyes en tu garaje. Estos proyectos no son tan distintos a la investigación y el desarrollo en la industria de los alimentos y las bebidas. Todas las industrias usan algún tipo de proceso tipo "Y si / y entonces qué sigue", desde los negocios del espectáculo hasta las zapaterías. No importa el ámbito, esto es aplicable siempre que exista el deseo de innovar y crear, de transformar en realidad algo que solo existe en teoría.

Analicemos con más detenimiento el tema de cómo decidir en cuáles ideas vale la pena que inviertas tu tiempo, tu dinero y tu reputación.

Esta es la respuesta que Stephen King ofrece en su sitio de Internet a la frecuente pregunta "¿De dónde saca sus ideas?":

> Todas mis ideas se resumen en, quizá, considerar solo un aspecto, pero en muchos casos, implican ver dos, conjugarlos de una manera novedosa e interesante, y luego preguntarse: "¿Y si...?". La pregunta clave siempre es "¿Y si...?".[8]

---

[8] Stephen King. https://stephenking.com/faq. Última visita 24 de marzo de 2001.

Es como un compuesto químico. Cuando dos elementos no relacionados se mezclan gracias a una colisión interesante, crean algo que garantiza un riesgo. ¿Pero cómo te das cuenta? Usualmente tienes un momento de intuición. Casi todas las historias de éxito de los grandes negocios que conozco incluyen un momento en el que, en la unión de dos elementos ya conocidos por todos, alguien notó algo más y se dijo: "¿Y si...?", la pregunta que funciona como catalizador creativo de esa gran revelación. Albert Einstein, por ejemplo, se preguntó: "*¿Y si* pudiera viajar en un rayo de luz?". Luego, su momento "¿Y entonces qué sigue?" implicó trabajar en la parte astrofísica y mecánica de esa primera pregunta ridícula y lo condujo a establecer su más famosa ecuación: $E = mc^2$.

La Teoría de la relatividad especial, como se le conoce, relaciona el tiempo con el espacio: dos elementos aplicables a los objetos que se mueven en una línea directa. Sin embargo, Einstein también incluyó la gravedad en esta mezcla. La ecuación dice que la *energía* (E) es igual a la *masa* (m) por la *velocidad de la luz al cuadrado* (c^2). Este es el concepto más revolucionario existente en el mundo de la ciencia y en nuestra comprensión de la energía atómica. Para Einstein, el componente de *riesgo* al trabajar en su premisa desarrollada implicó análisis científico e intuición. Seguramente sabía que estaba a punto de cambiar de forma irreversible el ámbito científico.

La belleza de la pregunta "¿Y si...?" radica en que es una chispa de creatividad que empodera al individuo. Te permite pensar de manera distinta, "fuera de la caja" o *outside the box*, como suele decirse en inglés. O de plano, pensar sin ninguna caja de por medio. Esta pregunta te deja añadir tu propio estilo y sensibilidad, lo que bien podríamos llamar tu "marca" personal. Cuando te sientes suficientemente libre como para generar algunas ideas, con frecuencia una de ellas destaca como la más candente, la que lleva tu nombre, tu sello. En otras ocasiones, tu momento "¿Y si...?" va por todos lados, y en ese caso tienes que preguntarte si podrías dominarlo y transformarlo en algo más práctico. Tanto en las sesiones de lluvia de ideas en las que he participado como en las que he dirigido, hay otras tres palabritas que también pueden entrar en juego cuando te preguntas cuán viable es una idea y cuánto riesgo podría implicar. Estas palabras son: *por, qué* y *no*.

Siempre que te sientas estancado al pensar en el riesgo de continuar desarrollando una idea, pregúntate: "¿Por qué no?". Es el equivalente a darte a ti mismo una charla motivacional y responder: "¿Qué es lo peor que podría suceder?" o "¿Qué tengo que perder?". De esta manera te empoderas lo suficiente para dar un salto hacia lo desconocido con la siguiente pregunta "¿Y entonces *qué sigue?*".

El secreto que descubrí tiempo después y que me habría ayudado incluso antes de preguntarme "¿Y si...?" —¿y si les pusiera chile a los Cheetos?— fue que los supuestos poderes, es decir, quienes le pueden decir *si* o *no* a tu idea, también están en posición de preguntarse "¿Y si...?" y "¿Y entonces qué sigue?" para resolver sus propios problemas diariamente. Sin embargo, entre más alto se llega en la jerarquía, más aumentan los riesgos porque las decisiones que se toman afectan a toda la fuerza de trabajo y a los inversionistas. A veces la única opción es lanzar los dados, pero si se actúa de manera inteligente, se podrán cosechar las recompensas.

Nunca he visto a nadie actuar de una manera tan hábil para lanzar los dados como Roger Enrico. Me tomó años entender que cuando decidió hacer el video en que les pedía a todos los empleados de la empresa que se comportaran como dueños, estaba poniendo en riesgo su papel como uno de los directores ejecutivos de negocios más admirados en Estados Unidos. Cuando Roger se preguntó "¿Y si la solución para remediar la caída en nuestras ventas la pudiera proponer alguno de nuestros empleados?", en realidad estaba resolviendo un problema y yendo contra la corriente.

Seguramente, el hecho de que los turnos de producción estuvieran siendo recortados y que eso tuviera un impacto negativo en familias como la mía, le preocupaba tanto como a nosotros. Además del desplome en la producción, en ese momento a mediados de los ochenta, el "chorreo económico" que supuestamente debía venir desde la cima no estaba llegando a los bolsillos de los trabajadores de nivel inferior que trabajaban por hora, como los conserjes.

Si nosotros estábamos desesperados, puedo imaginar que la persona encargada de revigorizar Frito-Lay lo haya estado también. Una corazonada me dice que después de que Roger se preguntó: *¿Y si les pidiéramos a todos en la empresa (a los trescientos mil empleados) que dieran un paso al frente?*, tuvo que continuar hacia al paso "¿Y entonces qué sigue?". La respuesta era enviar un mensaje en forma de video que les otorgara a todos el poder de marcar la diferencia.

Eso me cambió la vida, pero la verdad es que yo ya llevaba algún tiempo jugando con ideas que esperaba que se convirtieran en revelaciones. Lo que hay que recordar es que, aunque tal vez no tengas un director ejecutivo o un jefe que te empodere y te permita ser creativo y correr riesgos, siempre puedes usar las preguntas que se hacen los líderes poderosos: *¿Y si...?, ¿Por qué no?, ¿Y entonces qué sigue?*

¿Te puedes imaginar esto como un discurso para vender la idea de una película en Hollywood? *¿Y si* un conserje y un ejecutivo visionario de una de las empresas de alimentos y bebidas más grandes del mundo hicieran equipo para empoderar a todas las personas y animarlas a actuar como dueños?

Bueno, *¿por qué no?* ¿Y entonces qué sigue?

🔥

EL MOMENTO ERA PROPICIO. PARA ENTONCES YA ME HABÍA HECHO EL HÁBITO de buscar oportunidades de crear algo para mí al mismo tiempo que actuaba como dueño, pensaba como ejecutivo y practicaba el arte de no tener miedo de hacer el ridículo. Lo que aún faltaba, sin embargo, era esa *gran revelación*, la impactante epifanía que me permitiría encontrar la manera de crear más trabajo para todos en la planta. Pronto. Sabía que andaba por ahí, muy cerca, que se cernía sobre mí. Y si cerraba los ojos, casi podía tocarla y probarla. Siempre que rezaba y pedía que se me presentara, me embargaba la calma, una especie de seguridad que me decía que los planetas se alinearían en cualquier momento y todo estaría bien.

Luego, una noche, poco antes de mi cumpleaños veintinueve, Judy y yo vimos en televisión una película antigua con Jimmy Stewart. Se trataba de *La historia de Glenn Miller*, un filme estrenado en febrero de 1954 que narraba más o menos de forma verídica la lucha de este músico estadounidense por alcanzar el éxito, y la manera en que cambió las cosas al formar una de las grandes bandas más populares de su tiempo.

Como emprendedor, la película coincidía con mi idea de recopilar historias de éxito. Algunas de ellas provenían de libros clásicos como *El vendedor más grande del mundo*, de Og Mandino o de *El alquimista*, de Paulo Coelho. Gracias a algunos héroes de películas también aprendí a sobreponerme a las dificultades. Al principio, Jimmy Stewart en su papel de Glenn Miller no lograba triunfar a pesar de su gran talento, de que componía y arreglaba los temas de una forma hermosa, de que tenía a grandes músicos en su agrupación y esta sonaba como las bandas más populares. Ese era precisamente el problema: no tenía un sonido propio, no tenía un sello.

Seguramente has notado que cuando escuchas a Aretha Franklin entonar dos notas, de inmediato sabes que no puede ser otra cantante más que ella, ¿no es verdad? Cuando escuchas una frase de guitarra de Carlos Santana, sabes que nadie más puede tener ese sonido, solo él. Bien, pues en la ficción de la película, Glenn Miller no sabía qué hacer para encontrar su sonido hasta que, una noche en la que tenía un concierto programado, su trompetista se lastimó el labio y dijo que no podría tocar. Glenn estaba en problemas. Tenía que actuar como dueño porque era el líder de la banda y los otros músicos dependían de él. En un gesto desesperado, levantó uno de los instrumentos que tocaba bien, pero que en general no formaban parte del sonido clásico de las grandes bandas, y se preguntó: "¿Y si tocara el trombón?".

Eso fue todo. Magia. Glenn Miller encontró su sonido y, por supuesto, todo el arduo trabajo que había realizado para lograr el éxito finalmente tuvo su recompensa.

Durante tres años fue uno de los músicos más exitosos de la industria disquera.

Me costó mucho trabajo conciliar el sueño esa noche después de ver la película. En la mañana le dije a Judy que todo lo que necesitaba para tener éxito ya estaba al alcance de mis manos, lo único que faltaba era mi sonido propio. Estaba completamente convencido de que no había nacido para encajar y pertenecer, sino para destacar. Creía que en lugar de permanecer en la hilera en la que otros me habían colocado, necesitaba romper filas e ir a formarme adonde quería estar. Pero entonces, ¿qué era lo que hacía que mis ideas fueran distintas y auténticas?

Judy me recomendó dejar de buscar en los mismos lugares.

—¿No es eso lo que tú siempre me dices? —me preguntó.

Era cierto, yo solía decir que si querías cambiar tu perspectiva necesitabas ver las cosas de manera diferente.

En los siguientes días, con mi nueva noción sobre Glenn Miller en mente, empecé a reflexionar sobre los aspectos de los alimentos, la familia y la cultura que me hacían sentir en casa y me brindaban alegría. Mi instinto me decía que, de alguna manera, mi sonido y mi sello para esa *Gran revelación* tenían que ver precisamente con lo que yo era.

A la mañana siguiente, estaba pensando justo en eso cuando Julius me llamó para ir a ver el video de las oficinas centrales, y también algunos días después, cuando salí de mi entorno usual y acompañé a uno de los repartidores a hacer la ruta de ventas. Mi idea candente surgió cuando me pregunté: "¿Y si...?" hiciera algo con las especias de mi cultura... ¿Y si sazonara las frituras con ellas? ¡Por supuesto! ¡Ese sería mi sonido, mi sello! Si se tratara de mi propia empresa, ¿por qué ofrecería otros sabores que no fueran los que saboreé en mi infancia? Luego, una semana después, refiné la idea cuando vi a José vendiendo un elote con todos los aderezos posibles y me pareció que se veía como un Cheeto. Así fue como le di mi giro especial a una gran premisa: *"¿Y si les pusiera chile a los Cheetos?"*.

¿Por qué no? ¿Y entonces, qué seguía? Una vez empoderado, me puse a trabajar con mi equipo en casa: mi esposa Judy y mis hijos Lucky, Steven y el bebé Mike. Poco después, Rancho Cucamonga R & D ya había cocinado un prototipo para mostrarles la idea a quienes tenían poder de decisión.

En cuanto encontré mi sonido y mi sello personal para darle a conocer este nuevo uso de las especias de mi cultura a la gente que pertenecía a ella, y también a quienes no, me sentí suficientemente empoderado para arriesgarme y llamar a Roger Enrico.

🔥

EL PAPEL DE LOS LÍDERES EN EL EMPODERAMIENTO DE SUS SEGUIDORES ya no es tan controversial como solía serlo. En la antigua cadena de mando y la estructura de control impuestas en la mayoría de las empresas, empoderar a los empleados de menor nivel se consideraba riesgoso. La jerarquía era parecida a la del ejército, los oficiales daban órdenes y los rangos inferiores obedecían: no había espacio para maniobrar.

Pero aunque el dominio y el control nunca hayan servido para fomentar la creatividad y la imaginación, existen razones válidas para imponerlos. En lo referente al manejo de maquinaria, por ejemplo, los trabajadores que desean ser creativos pueden generar todo tipo de riesgos si no obedecen las reglas. Por otra parte, nunca me pareció lógico que el hecho de que yo trabajara en proyectos que le ahorrarían dinero a la empresa hiciera a los gerentes vociferar: "No te pagamos para que aprendas a usar una computadora. Solo haz las labores que te corresponden".

Roger Enrico decidió cambiar drásticamente el sistema de control y dominio, y empoderar a todos para que pensaran y actuaran de manera independiente. Pero estaba corriendo un riesgo. Observa el significado y la etimología de la palabra *empoderar*:

> **DEFINICIÓN:** Darle a alguien más control sobre su vida o más poder de hacer algo.

> **ORIGEN Y USO:** La palabra *empoderar* viene del prefijo en francés antiguo *en*, el cual significa "en, dentro"; y de la raíz *poder*, de principios del siglo catorce, que significa "habilidad, fuerza, poderío". Aunque la palabra *empoderar* ha sido utilizada en obras literarias, su uso moderno data de alrededor de 1986.[9]

Como puedes ver, no fue sino hasta principios de los noventa —la misma época en que el primer Cheeto Flamin' Hot salió de nuestra cocina-laboratorio— que la palabra *empoderar* empezó a ser usada de la manera que la conocemos ahora. Creo que Roger Enrico merece que se le atribuya buena parte del crédito de su uso.

Conforme más tiempo ha pasado, más agradecido me he sentido por los desafíos y el rechazo que enfrenté en

---

[9] Macmillan Dictionary Blog, "Word of the Day: empower", <www.macmillandictionaryblog.com/empower>

mis proyectos "¿Y si...?" anteriores, los cuales fueron más modestos. Es cierto que en el pasado fui ingenuo y pensé que toda la gente celebraría las buenas ideas que nos ayudarían colectivamente, pero llegó un momento en el que comprendí cómo funcionaban las cosas. A pesar de ello, todavía me impresiona lo cerca que estuve de que me impidieran hacer aquella llamada decisiva a las oficinas centrales de Frito-Lay.

En esta ocasión, excepto por dos, no les dije nada a los gerentes. Quienes dirigían la planta me conocían y me habían advertido que, dado que me pagaban por hora, no debía hacer trabajo adicional ni otro tipo de labores cuando estaba en mi turno. Evidentemente, el hecho de que actuara como dueño ponía en riesgo su noción de la jerarquía de mando y control; pero la mayor amenaza era en realidad que supiera más que ellos sobre toda la operación de nuestra planta.

Mi instinto me dijo que la manera en que los gerentes estaban reaccionando no era problema mío. Quizá era un riesgo porque ya los había saltado en la cadena de mando y sabía que habría repercusiones. Aunque en otros aspectos fui ingenuo, incluso en el hecho de no tener idea de que tomar el teléfono y llamar a las oficinas centrales estaba prohibido, era obvio que no les iba a contar a los gerentes sobre los Cheetos Flamin' Hot.

Tiempo después, cuando me vi forzado a decirles todo, se quedaron paralizados como era de esperarse. Se volvieron locos: "¿Qué crees que estás haciendo? Es un sacrilegio, ¿quieres ponerles chile a los Cheetos? ¿Por qué querrías hacer algo así? Vas a arruinar la marca. ¿Hablas en serio?".

No eran visionarios. La mayoría de los visionarios están entre cinco y diez años adelantados a todos los demás, y estos gerentes no podían ver el potencial. Como por reflejo, lo primero que quise hacer fue lanzarme a pelear como en los viejos tiempos, pero yo ya no era ese tipo de persona. Tenía que recordar que el problema no era mío. A partir de entonces decidí que a mi vida la regiría la creencia de que nunca debes agacharte para hacer a alguien más sentirse bien consigo mismo.

Como ya lo mencioné, hubo dos gerentes en los que decidí confiar. Julius supo desde el principio lo que estaba sucediendo. Era un visionario y predijo que, incluso si me tomaba algún tiempo obtener aprobación, este Cheeto ayudaría a salvar a Frito-Lay. Hubo otro gerente que confió en mí y que me advirtió que iba a sacudir el *statu quo*, pero que mi creación era precisamente lo que necesitaba la empresa. Ese gerente formaba parte del equipo de líderes que preparaban a los futuros ejecutivos y, aunque nunca afirmó ser mi mentor, me apoyó y me ofreció la guía más táctica que he recibido en mi vida. Fue la primera persona que me advirtió que los otros me consideraban una amenaza y que algunos gerentes buscarían la manera de hacer que me despidieran. Solíamos hablar en secreto. Si yo me encontraba trabajando cuando él llegaba, me decía: "Vamos afuera", y ahí me explicaba la situación.

En medio del período de dos semanas que necesité para concebir, desarrollar y dar nacimiento a los Cheetos Flamin' Hot, antes de que alguien supiera lo que estaba sucediendo, ese gerente me hizo salir de mi zona de trabajo y me dijo: "Richard, estás poniendo nervioso a todo mundo, te están observando, así que ten cuidado. Están buscando la forma de atraparte. Están revisando tus horarios de trabajo. Asegúrate de no extender tu tiempo para el almuerzo y de no llegar tarde. Asegúrate también de volver a casa a la hora que te corresponde".

Naturalmente, le agradecí que hubiese puesto en riesgo su seguridad para advertirme.

Creo que Dios me estaba cuidando y por eso me envió ese mensaje. Aquel gerente sabía que yo estaba empoderado, pero era un mensajero y tenía que asegurar que no me pusiera yo mismo en riesgo. Como comentaba anteriormente, en el lugar donde te encuentres siempre habrá alguien listo para robarse tu destino, no importa qué lugar sea. En este caso, bajé la guardia porque di por hecho que todos estábamos trabajando en favor de la misma causa.

Como podrás imaginar, todo esto hacía que la decisión de llamar a Roger Enrico fuera aun más difícil de tomar. Discutí el asunto una noche hasta tarde con Judy. A la mañana siguiente, habiendo dormido pocas horas, de pronto recordé a Al Carey, quien, además de haberme dado su tarjeta, me dijo que podía llamarlo cuando quisiera. En un momento "*¿y si...?, ¿por qué no?, ¿qué sigue?*", levanté el auricular del teléfono de casa y marqué el número en la tarjeta.

—Richard, me da mucho gusto escucharlo —dijo Al de inmediato, con la misma calidez que recordaba de él cuando nos encontramos en persona.

Le conté en lo que había estado trabajando y luego anuncié:

—Les voy a llamar Cheetos Flamin' Hot.

—¡Suena genial! —dijo Al emocionado—. ¿Cómo puedo ayudarle?

Le pregunté si recordaba el video y me dijo que sí, que estaban buscando ideas como la mía.

—¿Cree que deba llamar al señor Enrico directamente? —le pregunté.

Al Carey guardó silencio durante un momento y luego dijo:

—¿Por qué no? ¿Por qué no contarle a Roger respecto a su producto? Llámele y dígale que yo le sugerí que lo contactara. Mencione mi nombre.

Si alguna vez llegué a cuestionar el hecho de que no se trata de a quién conoces sino de quién te conoce a ti, esa llamada dio fin a mis dudas. En cuanto colgué el teléfono me sentí aun más empoderado. Lo único que tenía que hacer era ser yo mismo. Si al director ejecutivo no le interesaba mi propuesta, ese sería su problema y, en ese caso, yo intentaría hacer las cosas de otra manera.

Cuando terminó mi turno me detuve en lo que entonces era la oficina de negocios, contabilidad y secretariado. Como eso sucedió cuando todavía no existían los cubículos, todo el personal administrativo estaba trabajando en el mismo lugar, cada empleado en su respectivo escritorio. En cuanto entré, la gerente principal de la oficina me preguntó:

—¿Le puedo ayudar en algo?

—Solo estaba buscando el directorio de la empresa.

Me dio la impresión de que todos interrumpieron su trabajo para voltear y fulminarme con la mirada. ¿Acaso les molestaba que buscara el directorio? No teníamos correo electrónico, así que si querías contactar a alguien en la empresa se usaba el sistema de teléfonos conectados entre las distintas oficinas.

La jefa del equipo administrativo me entregó el directorio, pero no dudó en hacerme una advertencia con aire malhumorado:

—Ya sabe usted que es exclusivamente para asuntos de la empresa, ¿verdad?

Amablemente le contesté que mi asunto *era* una asunto de la empresa y que necesitaba llamar al director ejecutivo.

—Oh —exclamó arqueando las cejas—, puede usar mi teléfono si gusta—añadió. Sonrió y los demás bajaron la cabeza después de mirar a la persona de junto. Luego todos volvieron a trabajar como si ya no les interesara mi presencia.

Tiempo después comprendí que la jefa del equipo administrativo solo quería que usara su teléfono porque llamar al director ejecutivo y romper el protocolo era una insubordinación y les podría servir como justificación para despedirme. En lugar de decirme: "¿Quién se cree que es para venir aquí y hacerme correr el riesgo de caer en una situación embarazosa cuando el asunto se sepa y vengan a reprenderme?", la jefa utilizó una estrategia contraria y decidió ser testigo de todo. Si yo hubiera prestado más atención, habría escuchado los susurros: "Oh, ¡a este tipo lo van a despedir sin miramientos!". Al parecer, nunca habían visto a nadie justo en el momento de caer en la trampa, por lo que seguramente estaban tan emocionados como las multitudes en el Coliseo romano.

Solo los vicepresidentes pueden llamar al director ejecutivo, y solo en caso de emergencia. La jerarquía de mando y control era muy parecida a la del ejército. Un soldado raso no tenía derecho a acercarse a un general sin hablar antes con su supervisor inmediato. Obviamente, yo estaba rompiendo la cadena de mando y desafiando el *statu quo* a pesar de que la palabra *protocolo* todavía no formaba parte de mi vocabulario en ese momento.

Ya estaba bastante nervioso de hacer la llamada, así que nuevamente debo atribuirle el crédito a Patti, la asistente ejecutiva, y aquí voy a hacer énfasis en la palabra *ejecutiva* porque ella era la protectora del acceso y pudo fácilmente interponerse y negarse a conectarme con su jefe. Sin embargo, debe de haber escuchado algo en mi voz que la llevó a arriesgar su empleo, su estatus y la opinión de su jefe sobre su sensatez al localizarlo y ponerlo al habla.

Cuando me escucharon agradecerle a Patti por conectarme con el señor Enrico y decirle que esperaría con gusto, los empleados administrativos reaccionaron sorprendidos. Lo único que podía hacer era ser yo mismo. Por alguna razón, pensé en aquellos días en Guasti cuando cenábamos con otros y noté que tenía un don para la conversación. El instinto me decía que solo debía ir al grano, exponer la idea y ver qué le parecía.

El momento crucial llegó cuando el señor Enrico tomó la llamada y, sin desperdiciar tiempo en preguntarme en qué podía ayudarme, prestó atención mientras yo le recordaba el video. Entonces le expliqué que este me había inspirado, que tuve una idea y que había desarrollado un producto.

Roger Enrico escuchó con algo de interés y respeto, por supuesto, pero no fue sino hasta que dije:

—¿Sabe? Hace poco vi a Al Carey en la planta y...

—¡Ah! ¿Conoce usted a Al Carey? —me preguntó el director, un poco más animado.

—Bueno, Al Carey me conoce a mí —contesté, bromeando un poco.

Roger rio con gusto.

—En fin —continué—, le conté a Al sobre este nuevo producto y me sugirió que le llamara a usted.

El resto de la conversación se tornó agradablemente confusa hasta que el señor Enrico me anunció que volaría a la planta en un par de semanas y que le gustaría ver una presentación.

¿Una presentación? En mi mente, esto implicaría involucrar a un par de gerentes experimentados de la planta que verían mi innovación como algo positivo para todos. No tenía idea del infierno que se desataría en cuanto todos se enteraran de que un conserje había roto el protocolo y llamado al director ejecutivo.

INDEPENDIENTEMENTE DEL LUGAR EN QUE TE EN-CUENTRES DEL VIAJE PARA ALCANZAR TUS MÁXI-MAS aspiraciones o las metas intermedias que te interesan por el momento, creo que tu capacidad de correr riesgos inteligentes es lo que puede definir cuán lejos y qué tan rápido llegarás.

¿Cómo superar tu propia reticencia a correr riesgos? ¿Cómo distinguir entre un riesgo inteligente y uno simplemente temerario? ¿Cómo poner a prueba tus ideas y decisiones antes de concentrarte en el riesgo? Analicemos de nuevo las herramientas a tu disposición:

1. *Empieza en un lugar de empoderamiento.* ¿Alguna vez saliste a manifestarte por una causa o trabajaste por algo que te importaba más que nada? De ser así, ¿recuerdas cuán poderoso te hizo sentir eso? Cuando estás empoderado gracias a un jefe, a un maestro, a un ser amado que cree en ti, a tu consejero espiritual o tu poder superior, tu convicción puede ser valiosa para superar la reticencia a correr un riesgo. Cuando vas un poco

más allá para defender algo en lo que crees, les estás restando fuerza a los poderes dominantes. Entonces la intuición te dice que, incluso si llegas a fallar al arriesgarte, no importará porque te entregaste por completo y probaste la sensación de estar empoderado.

Siempre que pensaba en alcanzar el éxito, recordaba mi juventud a finales de los sesenta y principio de los setenta, una época de manifestaciones por los derechos humanos, protestas contra la Guerra de Vietnam y voces importantes como las de tres de mis héroes: el activista César Chávez, el doctor Martin Luther King Jr. y Muhammad Ali. Mi conciencia de la injusticia se empezó a desarrollar cuando vi a la gente en posiciones más elevadas de la escalera socioeconómica tratar de forma irrespetuosa a los trabajadores agrícolas migrantes. ¿Por qué era tolerable degradar y tratar desconsideradamente a la gente —afroestadounidenses, hispanos, nativos estadounidenses, asiáticos y otros— que estaba tratando de obtener un pedacito del sueño estadounidense? ¿Qué derecho de nacimiento le otorgaba a esa gente poderosa y acomodada el privilegio de gozar del fruto de nuestro trabajo sin mostrar ningún respeto por los trabajadores que, como yo, tanto se esforzaban en realizar labores ordinarias como eliminar maleza, cosechar uvas, plantar árboles, lavar automóviles o matar pollos? Mi indignación me empoderó, y si se me presentaba la oportunidad de hacer algo para lograr mis aspiraciones y ayudar a otros también, entonces el riesgo no significaba nada para mí.

2. *Confía en tus instintos*. Todos nacemos con un sistema interior guía que nos advierte sobre el peligro y nos

conduce a los alimentos, el refugio, el amor y la oportunidad. Tu GPS interior te puede ayudar a identificar si un riesgo es inteligente y vale la pena correrse o si no te servirá a largo plazo. Si quieres cambiar de carrera, renunciar a un empleo o elegir una actividad alternativa que podría convertirse en tu trabajo principal, consulta con tu GPS y verifica cuál es el riesgo más inteligente. A veces tu instinto te indicará que debes resistir un poco y volver a hacer esa pregunta más adelante.

3. *Investiga y desarrolla por ti mismo tu idea y la dirección a seguir.* La fórmula secreta de la investigación y el desarrollo —R & D, por sus siglas en inglés— consiste en hacer pruebas para echar a andar tu idea o plan. Investiga otras opciones a partir de las preguntas "¿Y si...?" y "¿Por qué no?". Si puedes refinar la idea, el riesgo será aún más inteligente. Asegúrate de que haya demanda en el mercado y de no estar duplicando la idea exitosa de alguien más. O asegúrate de tener un "sonido propio" que le permita a tu concepto brillar. Ahora haz más pruebas con la pregunta "¿Y entonces qué sigue?". ¿Qué se necesitará para darle vida a tu idea? ¿Quién lo hará y cuánto costará?

El empoderamiento es como una armadura que puede contrarrestar a tus detractores, quienes desean que fracases. El riesgo siempre será real, pero si todos los sistemas están preparados para comenzar, entonces estás listo para una aventura ardiente, ¡una aventura *flamin' hot*! ¿Qué más quieres? Justamente eso sentí cuando terminó mi llamada con Roger Enrico: que me esperaba una gran aventura. Mi instinto me decía que estaban sucediendo cosas importantes y que mi verdadero trabajo apenas comenzaba.

7
Haz un discurso de ventas estilo Flamin' Hot

C omo les sucede a todos los escaladores de montaña, al llegar a la mitad del recorrido de pronto verás que la pendiente es mucho más inclinada de lo que imaginaste que sería. Hasta antes de eso estuviste ascendiendo y estirándote de una roca a la otra sin realmente pensar lo que se requeriría para llegar hasta la cima. Llegas a una pequeña meseta y estás emocionado por tu avance, luego miras hacia arriba y ves una lámina plana de roca que no sabes cómo escalarás. Nadie te advirtió sobre esta etapa en el ascenso. Miras hacia abajo y te das cuenta de que no hay manera de regresar porque, de hacerlo, producirás un deslizamiento de rocas. ¿Y *ahora* qué?

Independientemente de si decidiste pasar de la revelación a tu revolución como empresario, de si estás en busca de inversionistas para tu empresa o producto, o de si estás tratando de conseguir un ascenso o un mejor empleo, para ti, como para muchos más, esta es la gran prueba.

Muchos no se dan cuenta de que cuando tienes que salir y venderte a ti mismo o presentar tu idea, y demostrar que esta puede ser una oportunidad para otros también, se produce una importante curva de aprendizaje. Una vez que tengas potencial de interés o que la esperada puerta se haya abierto, necesitarás un plan, una propuesta o una presentación para comunicar la manera en que piensas escalar esa correosa placa de piedra frente a ti.

Si te encuentras en esta posición, no te sientas solo, ¡porque no lo estás! Muchos comenzamos la escalada y empujamos para superar todas las adversidades y llegar a un lugar en el que se necesitará llevar a cabo más planeamiento y trabajo. Ya sabes, lo difícil de ser un visionario es tener que ignorar todas las voces negativas que te dicen que solo lograrás hacer el ridículo y que te preguntan "¿Quién te crees que eres?". O, como en mi caso, "¡No te pagamos para crear nuevos productos! ¡Asegúrate de checar tu tarjeta a la hora que te corresponde!".

Para ofrecer un gran discurso de ventas necesitas comunicar la manera en que añadirás valor a las metas de tu gerente, empresa o cliente. En realidad es muy sencillo:

1. Enfócate en la *Necesidad* o *Exigencia* de lo que sea a lo que estés ofreciendo una *Solución*.
2. La innovación es importante, pero no seas radical. Combina la *Familiaridad* con la *Novedad*.

Une estos dos principios a una gran historia y estarás listo. La única razón por la que sobreviví al alboroto que se produjo en Frito-Lay después de que le llamé a Roger Enrico para hablarle de mi idea de los Cheetos Flamin' Hot, fue porque usé esta estrategia.

DESPUÉS DE QUE PATTI, LA ASISTENTE EJECUTIVA DE ROGER ENRICO, ME HIZO el inolvidable favor de enlazar mi llamada, y de que él dijera "Estaré ahí en dos semanas", sentí como si levitara. ¡Estaba en una nube! Pero permíteme insistir en que no tenía idea siquiera de lo que significaba *protocolo* ni de que estaba a punto de provocar un ataque desbordante de siseos a lo ancho de toda la corporación.

Mientras tanto, la jefa de la oficina de negocios y los empleados administrativos seguían mirándome con extrañeza. Su intromisión era abierta pero lo suficientemente sutil como para que, supuestamente, yo no notara que no estaban concentrados en lo que en verdad les incumbía. Solo escucharon mi parte de la conversación y me pareció que susurraron todo el tiempo, pero antes de que alguien pudiera preguntarme algo, regresé el directorio de la empresa y salí de ahí.

Poco después, el gerente de la planta llegó gritándome. En aquel tiempo uno podía gritarles a los empleados sin sufrir ninguna consecuencia.

—¡Montañez! ¿Quién demonios te crees que eres?

De inmediato me sentí confundido. Si mis ideas llegaban a niveles más elevados de la cadena de mando, ¿no servía eso para que todos quedáramos bien? Si hubiéramos sido un verdadero equipo, yo habría estado en lo correcto. Pero no era así y el volumen de la voz del gerente de la planta me lo dejó muy claro.

Más adelante se supo que el mismo Roger Enrico llamó al presidente de Frito-Lay, quien a su vez llamó al vicepresidente, quien llamó al presidente de California, y así hasta el final de la línea. La conversación debe de haber sido la misma en todos casos y comenzado con las preguntas: "¿Quién permitió que el conserje le llamara al director ejecutivo? ¿Quién es Richard Montañez?".

Sin duda había muchos ejecutivos tras la cabeza del gerente de la planta y, en consecuencia, él se puso en mi contra como nunca.

—¡Ahora tengo que pintar el lugar! —exclamó, mirándome disgustado—. ¡Tenemos que limpiar todo y organizar una visita! —dijo, mientras comenzaba a alejarse, pero luego añadió: ¡Y la presentación la vas a hacer tú mismo!

Entonces giró sobre sus talones con una gran sonrisa socarrona.

Primero reaccioné con incredulidad y sorpresa porque nunca se me ocurrió que tendría que hacer la presentación oficial de la innovación que había desarrollado para ayudar a mi empresa. Cuando pasó la conmoción, sin embargo, me puse como loco y vi la tarea como un desafío.

El tono del gerente de la planta me lo dijo todo: creía que fracasaría en grande y que mi ridículo proyecto también sería un fiasco. Desde su perspectiva, no había manera de que un chicano sin educación como yo, hijo de trabajadores agrícolas migrantes, alguien que nunca había hecho una presentación para toda la empresa, pudiera lograrlo. Le encantaba la idea de que me avergonzara frente al director ejecutivo y de que este me reprendiera por haberlo hecho viajar hasta California.

Me apresuré a volver a casa para hablar con Judy, quien de inmediato vio el terror en mi rostro.

—¿Qué sucede?

—Me van a despedir —le anuncié.

—¿Por qué?

—Porque llamé al director ejecutivo —expliqué. Pero al ver su confusión, añadí: Hice lo que me sugeriste y ahora estoy en problemas.

Judy permaneció tranquila y actuó enseguida. En ese momento fuimos a la biblioteca y sacamos tres libros sobre estrategias de mercadotecnia. Uno era específicamente sobre discursos de ventas y presentaciones. En él había tres párrafos que podría tomar y usar como base para demostrar que tenía un plan para que este producto le *añadiera valor* a todas las líneas de productos de la familia Frito-Lay y Pepsi. Cuando quieres que alguien le diga "sí" a tu proyecto o idea de negocios, tu tarea más importante es mostrar la manera en que este le añadirá valor a los proyectos existentes de esa persona o empresa.

En primer lugar, tenía que contar la historia de lo mucho que necesitábamos los Cheetos Flamin' Hot. Naturalmente, esta nueva versión de la fritura no estaba ahí para arreglar algo que no servía ni para reemplazar a los Cheetos clásicos. Mi concepto era para que llegáramos a nuevos consumidores que quisieran una alternativa, consumidores a los que no estábamos atendiendo. Mi objetivo era que todas las personas en esa sala de juntas, incluso aquellas a las que la innovación les pareciera amenazante, entendieran cuánto dinero podríamos hacer con el producto.

Quería usar elementos verbales y visuales dramáticos para mantener a la gente al borde de sus asientos. Necesitaban sentir que si Frito-Lay no actuaba rápidamente, podríamos perder la oportunidad de responder a ese vacío en el mercado.

Como había estado ahí en ocasiones anteriores, sabía cómo era la sala en la que haría mi presentación, es decir, ya conocía la cueva de los lobos. Cabían aproximadamente cien personas y tenía todo el equipo audiovisual necesario: atril, micrófono, proyector elevado y una pantalla.

Yo quería presentar mi producto como si ya fuera camino a las tiendas, pero no me gustaba la idea de repartir muestras en bolsas de plástico ordinarias para botanas. No en esa hermosa sala. Como estaba emocionado, diseñé un logo: sobre un fondo negro se veía la figura de un divertido diablo bebé con chispas saliendo de él y de su tridente. En aquel tiempo, la mascota de Chee-tos (antes escribían así el nombre) era un ratón en un queso; todavía no se había hecho la transición al chita Chester Cheetos. Con ayuda de la línea de ensamblaje de mi equipo en casa dibujé con marcadores cien veces el logo sobre papel, luego corté las "etiquetas" y las pegué en cien bolsas de plástico. Vaya, ¡había mejorado mucho desde aquella ocasión en que, por culpa de mis crayolas rotas, mi maestra me dijo que no podía dibujar!

En cuanto llenamos las bolsas con *Flamin' Hot* recién hechos (así los presenté la primera vez), colocamos una línea de ensamblaje sobre nuestro burro de planchar y yo sellé cada una de las bolsas con la plancha caliente para que nada en ellas luciera improvisado. Como era empresario, recurrí a lo poco que tenía en mis bolsillos —es posible que haya dejado de pagar un par de facturas esa semana— y fui a una imprenta local para imprimir algunas diapositivas.

La historia que decidí contar era sobre una fiesta a la que estaban todos invitados, una celebración de la comida y la cultura latina. La empresa se estaba perdiendo esa fiesta, ¿y quién quiere perderse una fiesta? La imagen que dibujé para la diapositiva —me refiero a la lámina de plástico que se coloca sobre la base de vidrio del proyector elevado— era un banderín con los colores de la bandera mexicana. Incluía el título "Ven a la fiesta" que más abajo estaba traducido al inglés sobre un banderín dorado: "Come to the Party!". Debajo de los banderines dibujé a un animado anfitrión con un sombrero y una charola de Flamin' Hot, quien les daba la bienvenida a todos a una experiencia divertida y deliciosa.

Traté de cubrir todas las bases e incluso ir más allá, así que armé quince carpetas de aros que contenían el mismo material de la presentación en Power Point que mostraría en las diapositivas. Lo hice en caso de que quienes realmente tuvieran poder de decisión estuvieran en Dallas y necesitaran que les llevaran notas e información.

Para asegurarme de que mi presentación se centrara en los aspectos correctos, consulté con Julius, mi mentor. Él hizo énfasis en algo que más adelante volvería yo a escuchar mucho a través de importantes expertos en mercadotecnia. Se trata de lo que algunas personas llaman USP del producto, empresa o servicio que vas a presentar. Julius siempre estaba adelantado a su época. Este concepto es aplicable a cualquier nivel de innovación o solución que le presentes a un supervisor o ejecutivo de la empresa en que trabajas, o a cualquier persona que desees que se sume a un proyecto.

USP son las siglas en inglés de Unique Selling Point (o Points), es decir, Punto de venta único o Propuesta de valor única. Este concepto se puede usar para hacer frente a la mayor parte de las objeciones. Las personas con poder de decisión quieren saber qué es lo que hace que lo que les están presentando sea realmente distinto. ¿Qué es lo que lo vuelve suficientemente "heroico" para que los consumidores respondan a él? Los fabricantes de automóviles siempre eligen para sus productos nombres heroicos que evocan sentimientos de poder y excelente desempeño en los caminos: *Impala. Mustang. Cutlass. Cougar.* El USP debe sugerir esas cualidades e incluso guiar hacia un eslogan. De hecho, el USP puede hacer la gran diferencia durante el discurso de ventas o presentación. Puedes empezar por preguntarte: *¿Qué es eso tan único de mi producto que lo hará llegar a los encabezados y causar conmoción? Cuando escuchas su nombre y sientes como si te fueran a invitar a una fiesta, se crea una relación personal entre tú y el producto.* Después de todo, en un mercado tan abarrotado, todos querrán saber cómo piensas captar la enorme cantidad de atención que se requiere para lanzar algo nuevo. Cuando los ejecutivos de una corporación o los inversionistas independientes ven incontables presentaciones al día o leen montones de planes de negocios, lo único que permite que te recuerden y que valga la pena tu esfuerzo es el USP. Insisto en que no debes mostrar una imagen tan familiar que el producto termine perdiéndose entre las propuestas y estrategias de todos los demás. Pero claro, tampoco debes mostrarte tan radical que tu idea parezca riesgosa.

A mí me parecía que con los Cheetos Flamin' Hot tenía tres fuertes USP. No necesitaba ser experto en mercadotecnia para saber que la mayoría de las marcas importantes apenas empezaban a comprender el gran poder de compra de los consumidores latinos. ¿Y quién mejor para crear un producto que los atrajera que un auténtico miembro de esa comunidad? Estuve investigando algunos datos que incluí en una gráfica con el número aproximado de latinos en Estados Unidos (veintidós millones a finales de los ochenta) y el incremento que se proyectaba para la siguiente década; casi 58 % (es decir, la cifra aumentaría a casi treinta y cinco millones para finales de los noventa). La idea de una cultura conocida por su calidez y su carácter crepitante estaba incrustada en el nombre de mi producto, cuya cualidad heroica te hacía pensar: ¡Wow! *¡Si me como este Cheeto voy a arder!*

En segundo lugar, si nuestros ejecutivos dejaban pasar la oportunidad de involucrarse con un producto que ya había yo desarrollado —en mi propio tiempo y con mi dinero—, estarían tirando a la basura millones de dólares que, de otra manera, necesitarían para invertir en la investigación y desarrollo de cualquier otro nuevo producto. Mi equipo familiar y yo habíamos logrado lo que normalmente tomaba entre cinco y diez años investigar y desarrollar Implicaba la participación de científicos con doctorados en bromatología, de analistas de datos y ejecutivos de mercadotecnia que controlaban hasta la más pequeña tarea del proceso, sin mencionar los millones de dólares necesarios para pagarles a los gurús externos: especialistas en *branding* y publicidad que prepararían el lanzamiento. Los Cheetos Flamin' Hot podrían lanzarse y ponerse a prueba en tiendas y mercados nicho en menos de tres o cuatro meses.

En tercer lugar, yo sabía que una de las estrategias comunes para desarrollar nuevos productos de manera interna consistía en enviar a científicos de los alimentos a restaurantes para que analizaran platillos populares y encontraran la manera de convertirlos en botana. Así fue como surgieron productos como los Doritos nachos. Por supuesto, no había nada que fuera auténticamente "nacho" en ellos porque solamente eran frituras con un sazonador que no tenía gran cosa que ver con los sabores mexicanos. Los Cheetos Flamin' Hot ofrecían, como punto de venta único, la misma comida en una botana, y también capturaban el verdadero sabor picante de nuestra cocina.

En mi discurso de ventas también propondría cuatro diferentes "niveles" de picor en los Cheetos: suave, regular, picante y extra picante. La versión *Picante* era la que yo había estado desarrollando y la que envasamos en las bolsas para que la probaran los asistentes a la presentación. Hasta entonces, la reacción de los amigos y compañeros de trabajo —predominantemente latinos y afroestadounidenses— que habían probado los Cheetos picantes había sido: "perfectos". Sin embargo, no estaba seguro de cómo reaccionaría el paladar de quienes no estaban acostumbrados a los distintos grados de picor. Por eso, para no arriesgarme, propuse un plan para aumentar el picor, pero también versiones más ligeras que llegaban hasta la variedad de picor suave.

Mi temor iba aumentando a medida que se acercaba el día de la presentación. Sin embargo, trataba de recordar las lecciones aprendidas; permitía que mi hambre fuera un antídoto para el miedo y ponía mi mejor cara de "¿Y qué?", "¿A quién le importa?". Eso me ayudaba en buena medida, pero poco después empezaba a temblar otra vez con solo imaginar que me paraba frente a los pesos pesados de la corporación y las cosas salían increíblemente mal. Una tarde, a solo dos días de la presentación, me visitó el consejero de liderazgo, quien no se suponía que debiera ayudarme. Pasó un momento por la conserjería y me indicó con un gesto que me acercara a la puerta. Entramos y él me lo volvió a confirmar.

—Definitivamente están tras de ti, buscando cualquier razón para despedirte. Siguen investigando tu tarjeta de empleado.

—¿La tarjeta con la que checo mis entradas y salidas? —no tenía sentido. Había estado checando la tarjeta para registrar mis salidas y hacer todo el trabajo de preparación fuera de mis horarios de trabajo. Yo habría pensado que me dejarían respirar un poco porque estaba tratando de hacer algo para generar más horas para los trabajadores de primera línea y para los gerentes. Lo único que pudo recomendarme mi amigo fue que me asegurara de que la presentación fuera un éxito contundente. Según los rumores, muchos gerentes esperaban con ansia verme arruinarlo todo frente al director ejecutivo.

—¿Qué debería hacer? —pregunté.

—No lo arruines.

Entonces tuve una revelación respecto a cómo apoderarme de la sala de juntas. Todo comenzó con un recuerdo de mis días de aventuras, cuando era adolescente y dormía al abrigo de las estrellas y platicaba con asombrosos narradores que hipnotizaban a todos con sus historias.

Uno de los mejores narradores que conocía era un individuo blanco al que una vez escuché, un borracho que contaba historias exageradas. Sin embargo, te hacía creer todo lo que decía y a ti no te importaba que mintiera porque en verdad te envolvía con su narración. Este hombre te miraba todo el tiempo e iba evaluando tus reacciones, te soltaba la historia poco a poco, a cucharaditas, y se aseguraba de no perder tu atención. Contaba historias sobre la época en que estuvo en la Fuerza Aérea durante la Guerra de Corea y sobre la importancia de ser auténtico porque, según él, uno no tenía por qué darle explicaciones a nadie. La esencia de la palabra *auténtico* me quedaba clara, sin embargo, después busqué la etimología y vi que, entre sus orígenes, se encontraba la palabra griega *authentes*, "persona que actúa bajo su propia autoridad", y que más adelante se añadió la noción de "real, con derecho a la aceptación como algo fáctico".[10]

Me dieron ganas de imbuirle a mi discurso esa noción de ser auténtico, de ser yo mismo, de ser real, pero también quería demostrar que conocía bien mi trabajo y lo que había creado porque lo logré gracias a la experiencia. Una de las cosas que hacía aquel narrador ebrio era interrumpir la historia para sacar y mostrar un artículo de utilería con el que probaba algo que había dicho o te convencía de que todo sucedió como te lo estaba contando. Era como un truco de magia.

Con todo lo que preparé para mi presentación, lo único que me quedaba por hacer era hablar desde el fondo del corazón y sacar un objeto de utilería en un momento emocionante. Algo me decía que mi idea podría funcionar. Y si después de todo, el discurso no funcionaba, yo de todas formas sabría que Frito-Lay se perdería la innovación del siglo.

🔥

LLEVABA AÑOS PRACTICANDO CÓMO SER EL FUTURO YO cada vez que surgía la oportunidad de ponerme el traje gris que compré en Goodwill con una camisa blanca de vestir. Lo único que nunca había tenido era una corbata. Pero ni siquiera Julius, el individuo mejor vestido que yo

---

[10] Online Etymology Dictionary, s.v. "authentic" <www.etymonline.com/word/authentic> (Diccionario etimológico en línea consultable en inglés exclusivamente.)

conocía, usaba corbata. *¡Qué diablos importa!*, pensé. Si iba a hacer esa presentación, no me importaría triunfar o que resultara un fracaso, de todas formas lo iba a hacer luciendo como millonario. Así que, ¿cuál era el problema si esa corbata azul marino solo me había costado tres dólares en Goodwill? ¿Qué importaba si sabía anudarla o no? Bueno, tal vez eso sí importaba. En fin, afortunadamente, mi vecino era experto en anudar corbatas y, la noche anterior, la dejó preparada para mí con el nudo, pero floja. Lo único que yo tendría que hacer sería ponérmela en el cuello y apretar.

A la mañana siguiente, muy temprano y después de dormir muy poco, cuando Judy y los muchachos se despertaron para despedirse de mí, ya estaba yo bañado, rasurado y con mi traje puesto. Estaba listo: tenía mis cien bolsas, las diapositivas, las quince carpetas y mi utilería especial, todo empacado. Al atravesar el marco de la puerta me detuve un momento y miré atrás. Nunca olvidaré el orgullo en la luminosa mirada de mis hijos: estaban orgullosos de mí y de ellos mismos porque eran parte de la operación.

Judy me acompañó hasta afuera y, con su sutil habilidad de liderazgo, me dijo algunas palabras que me empoderaron más allá de todo lo posible. Y solo hizo tres sencillas acciones. Primero, me *inspiró*. La palabra *inspirar* significa imbuirle vida a otro. En segundo lugar, me *animó*: tomó ánimo y lo colocó en un nivel tan profundo de mí que me hizo sentir que podía enfrentarme a algo que nunca imaginé. Por último, me *recordó* mi valor y quién era. Estas son las tres cosas que hasta la fecha trato de hacer para empoderar a mis audiencias.

—Estás preparado. No conozco a nadie más valiente que tú, Richard, puedes hacer esto —me dijo, y luego añadió: No olvides lo que te dijeron tu papá y tu abuelo cuando te contrataron como conserje, que debías hacer las cosas en tu nombre. Eres un Montañez. Ahora ve y toma lo que nos pertenece.

Su forma de empoderarme me impulsó; fue un tónico. Era todo lo que necesitaba.

Pero no, nada de esto evitó que mi corazón palpitara con fuerza al llegar y ver cómo muchos de los gerentes y ejecutivos importantes de Frito-Lay iban llenando la sala de juntas. Debo confesar que cuando me acerqué discretamente al escenario para preparar mi material, estaba muy nervioso, de hecho, sentía que estaba a punto de vomitar. Sin embargo, pensé en las palabras de Judy y superé sin mucho esfuerzo las sacudidas de mi estómago. De pronto me di cuenta de que, independientemente de si mi presentación salía bien o mal, de todas formas estaría en problemas porque quienes me guardaban resentimiento por haber roto la cadena de mando no olvidarían el agravio tan fácilmente. No obstante, tal vez podría influir en quienes mantuvieran su mente abierta a pesar de lo que hice. Y lo reitero: no tienes que influir en todas las personas, solo en las correctas.

Así fue como encontré mi determinación, sabiendo que todo esto valdría la pena sin importar el resultado. Esta mentalidad me permitió templarme como el acero justamente en el momento que vi llegar al director ejecutivo escoltado por el gerente de la planta y un séquito de jefes y ejecutivos de alto rango. Roger Enrico era un individuo carismático y de buen ver, con una gran personalidad. Tan solo verlo de lejos moviéndose por la sala y estrechando la mano de las personas mientras sonreía y veía a todos directamente a los ojos, me permitió darme cuenta de la manera en que generaba respeto, como un general que inspecciona a sus tropas. Tenía clase y una manera especial de hacer sentir importante a cada persona. Como si no tuviera prisa, aunque la tuviera. ¿Cómo lo lograba?

La mayoría de las cien personas presentes, más las que seguían llegando, eran nuestros ejecutivos principales, y mientras el director ejecutivo no los estuviera mirando directamente, no se tomaban la molestia de ocultar lo molestos que estaban por haber sido obligados a asistir a mi presentación. Estaban furiosos, tenían el rostro encendido, ponían los ojos en blanco, cruzaban los brazos, sacudían la cabeza y, ocasionalmente, me lanzaban miradas fulminantes.

Tiempo después comprendí que cuando el director hizo llegar su video a todos los departamentos, tal vez lo que esperaba era que sus ejecutivos de mayor rango pensaran como dueños y tuvieran grandes ideas. Y ahora, independientemente del resultado de este ejercicio, Roger Enrico les daría una lección a todos: el conserje los venció y ustedes no movieron ni un dedo.

Justo antes de que el último de los ejecutivos de alto nivel se sentara, un gerente por fin me presentó con el director ejecutivo. El gerente de la planta se acercó e interrumpió:

—Richard está a cargo de la presentación de hoy —dijo.

Roger Enrico parecía sorprendido por el comentario, pero de todas formas estrechó mi mano, me dio una palmada en la espalda y me aseguró que le emocionaba la idea de averiguar más.

—Gracias por viajar hasta acá —le dije antes de verlo tomar su lugar en la fila del frente.

En ese momento le hice una señal al pequeño grupo de compañeros de trabajo del equipo de producción que me ayudaban a repartir las bolsas de Flamin' Hot. Esto me dio la oportunidad de ver quién se encontraba en la sala.

Desafortunadamente, ni Julius ni mi otro mentor estaban ahí. Lo más probable era que alguien, cuya identidad desconozco, los haya mantenido alejados para evitar que mi público fuera cálido o empático conmigo. El director ejecutivo había convocado a los peces más gordos. Era la primera vez que muchos de ellos convivirían entre sí desde que empezaron a trabajar en Frito-Lay. Entre los presentes se encontraban el director general de Mercadotecnia, el presidente y el vicepresidente de Ventas de Dallas; el director general de Operaciones y el director de Personal de la Costa Oeste; y presidentes y vicepresidentes de los departamentos de Mercadotecnia, Ventas y Operaciones de California. También había varios científicos de alimentos del equipo de Investigación y Desarrollo de Texas, rostros familiares que fueron a trabajar conmigo cuando envié los paquetes de sazonador con chile y limón como sugerencia.

Al parecer, nadie quería probar los Cheetos Flamin' Hot, o al menos, nadie lo hizo hasta que el director ejecutivo no los alentó a hacerlo. Las reacciones fueron divididas. En los costados de la sala había personal preparado con latas de Pepsi, por lo que, cuando algunos de los asistentes empezaron a pedir bebidas, las recibieron de inmediato. Se escucharon varios comentarios, pero había de todo: iban del "¡Vaya, cómo *pican*!" al "No están mal", "No tienen suficiente queso" o "Están buenos, pero, ¿a quién se le ocurrió poner un diablito rojo en la bolsa?".

Sin esperar más, el director de la planta, cuyo puesto estaba solo por encima del gerente, subió al escenario y les dio la bienvenida a todos, empezando por el director ejecutivo de Pepsi-Cola, Roger Enrico. Luego siguió descendiendo por la cadena de mando para anunciar a los doce peces gordos más importantes. Uno de mis compañeros de trabajo les entregó un cuaderno a cada uno.

El director agradeció a todos por asistir y me miró desde el escenario. Yo estaba abajo. ¿Sería esa la señal para hacer mi entrada? No estaba seguro. Durante algunos instantes todos dejaron de masticar sus muestras y esperaron.

—Vamos, Richard —dijo el director—, es tu turno.

Todo empezó a moverse en cámara lenta, casi como en esos sueños en los que estás en un escenario y se te olvidó ponerte los pantalones o no recuerdas tu parlamento. Mi voz interior me dijo: *Solo no te desmayes.* Milagrosamente, en cuanto subí al escenario algo se apoderó de mí. Sin pensarlo demasiado, decidí moverme como los comediantes que hacen rutinas tipo *stand-up* o los predicadores, porque sentí que eso me relajaría. Así que tomé el micrófono de la base y empecé a hablar mientras caminaba por el escenario. Si no hubiera sido para entonces un hombre de fe, ese día me habría convertido. Por alguna razón, de la manera más sincera y hermosa posible, me despojé de toda la negatividad y Dios me bendijo con la capacidad de encontrar mi voz. En unos instantes tomé la situación en mis manos de una manera apasionada, creyendo en mí mismo y, principalmente, con una respuesta al desafío que nos había presentado a todos el director ejecutivo.

Vaya, ¡tu vida puede cambiar cuando crees en ti mismo! Las palabras de Judy estaban en mis oídos. Ella creía en mí y yo también. Así que, siendo lo más auténtico que pude, conté la historia de por qué quería hacer la diferencia para mí, mi familia y mis compañeros de trabajo. Hablé de la ocasión en que fui con el representante de ventas al supermercado en la comunidad hispana y noté que no teníamos botanas sazonadas con especias o algo picante que pudiera atraer a los latinos, que no teníamos ningún producto para concentrarnos en ese importante mercado. De esa manera calenté al público, hablando de la búsqueda de una solución. Así capté la atención. Todos estaban en suspenso, se dieron cuenta de que había una necesidad.

Antes de continuar, me dirigí al proyector, lo encendí y di inicio a mi presentación formal. Sintiéndome muy profesional, bajé la intensidad de las luces y de pronto observé horrorizado que la diapositiva estaba de cabeza. Me reí un poco e improvisé una broma. Volví a intentarlo y en esta ocasión el aparato proyectó la imagen de lado. ¿La tecnología podría arruinar mi presentación?

Finalmente, la imagen se corrigió sola y yo hice una sutil transición hacia otro tema y expliqué que Frito-Lay se estaba perdiendo la oportunidad de participar en esta vibrante cultura y su inherente aspecto festivo. Luego encendí las luces y continué contando mi historia. Hablé del día en que encontré la respuesta y la inspiración para los Flamin' Hot. Entonces me agaché detrás del podio y saqué de ahí un aromático elote caliente que tenía preparado con todos sus aderezos y le di una gran mordida.

—En mi vecindario uno puede comprar dos de estos y bañarlos con todos los aderezos por solo dos dólares. Es una comida completa —dije, volviendo a morder el elote—. ¡Simplemente encontré la manera de transformar esta comida en botana!

Todos comenzaron a reír a carcajadas.

Y con eso, supe que estaba fuera de peligro. Comencé a explicar que el maíz tostado parecía un Cheeto y que esa fue mi inspiración para crear el prototipo, diseñar el logo y las bolsas, y repartir las muestras para que pudieran probarlas. Para cuando terminé de mostrar con el proyector elevado el resto de las diapositivas en las que presenté el costo anticipado de producción, la proyección de ingresos comparados con algunos de nuestros productos de nicho y algunas ideas sobre las distintas versiones de picor y sazón, en la sala reinaba una atmósfera festiva que nadie podía negar. Tanto, que predije que a la fiesta en el vecindario latino también asistirían consumidores de otras zonas.

¿Fui ridículo? ¡Por supuesto! Pero, insisto, a veces la grandeza llega de formas ridículas. Cuando volteé a ver al director ejecutivo vi en su rostro una expresión pensativa que no revelaba ni aprobación ni rechazo.

Pero para mí eso no importaba porque había escalado el muro de rocas y estaba a punto de elevarme hacia la siguiente meseta. Si esto era todo lo que sucedería gracias a mi revelación, entonces después vendría algo aún más grande. Mientras tanto, seguí agradeciendo a todos y escuchando amables aplausos como respuesta. Estaba a punto de bajar del escenario cuando uno de los ejecutivos sénior de Mercadotecnia levantó la mano.

—Richard —dijo en un tono severo—, solo tengo una pregunta.

Me quedé paralizado por un instante, pero reaccioné rápidamente.

—Lo siento, señor, pero no tenemos tiempo para preguntas.

La voz en mi mente comenzó a asustarse: *¿Preguntas? ¡Nadie dijo que habría preguntas!*

El ejecutivo de Mercadotecnia me ignoró por completo. Se puso de pie y me desafió diciendo:

—Esto es algo sencillo, ¿de qué participación en el mercado estamos hablando?

El aire abandonó mi cuerpo. La pregunta me sonó como si estuviera en arameo antiguo. Literalmente, estuve a punto de desmayarme. Mi cerebro se torció como pretzel y se espantó aun más. *¿Qué es participación en el mercado? ¡No leí ese capítulo!*

Pero en lugar de desmayarme o tratar de inventar una cifra, el luchador en mí se negó a que lo intimidaran y el innovador decidió responder de forma creativa. Extendí los brazos lo más posible y, con la sonrisa más audaz que pude poner en mi rostro, exclamé:

—Esta mucha participación en el mercado. ¡Muchísima!

Se produjo un silencio sepulcral en la sala, se podía escuchar un alfiler caer. Y entonces oí una risita. No muy fuerte. Alguien susurró:

—¿Acaso dijo "Esta mucha participación en el mercado"?

Entonces todo se congeló y yo me quedé con la sonrisa en mi rostro y los brazos extendidos. No tenía idea de qué pasaría a continuación. En ese momento, Roger Enrico se puso de pie con cara de "Te lo dije" y volteó hacia los asistentes en la sala.

—Señores y señoras, ¿qué no se dan cuenta de que Richard acaba de mostrarnos cómo captar esta "mucha participación en el mercado"? —exclamó, extendiendo los brazos lo más posible y sonriendo aun más que yo.

AHÍ LO TIENES, EL DISCURSO DE VENTAS ARDIENTE QUE ME DIO LUZ VERDE para seguir avanzando. No todo fue miel sobre hojuelas, pero algo era seguro: de alguna manera había logrado pasar la prueba de fuego. Tú también puedes hacerlo, no importa si se trata de una presentación importante o de una propuesta más modesta para sugerir una mejora o innovación en el trabajo; ni si es una idea que exige que los poderes superiores accedan a participar en tu proyecto. Obviamente, no todos los discursos y planes de mercadotecnia necesitan desarrollarse tanto, pero las reglas de la narración aplican en todos los casos. Por ejemplo:

* *El discurso de elevador.* Es útil para muchas profesiones. Digamos que entras al elevador en la planta baja de una agencia de seguros y quieres conseguir clientes. Escuchas a alguien decir que necesita un seguro para oficinas y ahora tienes un minuto para contar tu historia. Lo único que necesitas decir es que estás muy emocionado por los servicios que ofrece tu empresa. Menciona un USP que haga que tu estrategia sea única, entrega tu tarjeta y di que te dará mucho gusto ayudar. Tu objetivo no es hacer una venta sino entrar en contacto con un posible cliente. Cuando salgas del elevador con esa persona obtén un poco de información personal y ríete porque te bajaste en el piso equivocado. "Me dará mucho gusto volver a saber de usted", añade. No presionar demasiado te dará puntos adicionales.
* *Deja que el comprador cierre el trato.* Amo los automóviles. Los clásicos, las camionetas y también las motocicletas, las cuales han sido mi debilidad durante mucho

tiempo. (Ahora tengo algunos automóviles clásicos y deportivos, y recientemente adquirí una Harley.) Por eso, cuando le compro un automóvil a un distribuidor o lo adquiero en una feria, no necesito que me insistan. El mejor vendedor de automóviles que conozco fue muy inteligente porque se dio cuenta de que yo iba a hacer preguntas y él solo tendría que responderlas. En vez de venderme algo, me contó sobre sí mismo y sobre su familia, me preguntó por mi familia y luego me dejó cerrar el trato. Mucho corazón y autenticidad. Hay personas que necesitan un poquito de presión, pero él estaba practicando la regla de ventas llamada "Conoce a tu público".

* *Haz tu presentación con un socio.* A veces, cuando estás contándole tu idea de proyecto a la persona que toma las decisiones, en realidad le estás vendiendo una historia convincente. ¿Cómo? En el negocio del entrenamiento, por ejemplo, cuando quieres venderle una historia a un productor que no deja de hacer llamadas telefónicas, no tiene mucho rango de atención y solo decidió recibirte como un favor, tienes que usar el impacto y el asombro. El truco que utilizan muchos escritores emergentes y creadores de programas de televisión es entrar a la sala y dar el discurso o *pitch* de ventas con un socio. De esta manera pueden alternar para hacer la narración y mientras uno es gracioso, el otro puede ser dramático. Siempre es posible convencer a un compañero de trabajo de presentar contigo una idea a los jefes de la empresa para la que ambos trabajan. No olvides tu utilería.

A lo largo de los años que he convivido con los ejecutivos de mercadotecnia y ventas de mayor éxito, he visto con cada vez más frecuencia un ingrediente infalible que supera a todos los otros a la hora de vender: la pasión. Cuando entres a la sala de juntas hazlo con el corazón en la mano y conociendo profundamente tu producto tu concepto, entonces preséntalo. La pasión siempre te dará puntos adicionales, incluso si no tienes las respuestas a todas las preguntas. Una vez que te den luz verde, la pasión continuará impulsándote en las siguientes etapas para lograr que algo suceda.

8

Cuando vengan a detenerte, cambia tu juego

o lograste! Tú y tu ardiente espíritu sobrevivieron a las peligrosas alturas y a esa placa de roca ascendente que tuviste que escalar. Superaste tus mayores miedos e incluso te permitiste parecer o sonar ridículo. Actuaste como dueño mientras enfrentabas a un coro diciéndote: "¡No!" y "¿Quién te crees que eres?".

Tal vez te sientas extasiado cuando finalmente escuches un resonante "¡Sí!". Será como si hubieras llegado a una cumbre. Quizá tuviste éxito al presentarle tu idea al jefe, recibiste un aumento y un ascenso, te graduaste de un exigente programa académico o técnico, abriste tu propio negocio, alguien aprobó tu *start-up* o invirtió en ella, inventaste un producto o servicio rentable o, a lo mejor, descubriste un tratamiento para una enfermedad seria. Lo que sea. Ahora deberás prepararte para un giro en la historia que tal vez no esperabas. Cuando por fin logres impulsarte hacia la cima y estés parado ahí, exhausto pero orgulloso, mirarás alrededor y verás algo que no habrías podido imaginar cuando estabas abajo, en el campamento base. Hay otra montaña completa que tienes que escalar, le duplica el tamaño a la que la que acabas de conquistar y es incluso mucho más empinada.

Sí, hay desafíos mayores frente a ti. Estás a punto de enfrentarte a un terreno peligroso y a adversarios que no previste. Anteriormente hablamos de toda la gente y las fuerzas que quieren robarte tu destino. ¿Las recuerdas? Bien, pues entre más alto escales, entre más te conviertas en líder, más querrán detenerte.

Digamos, por ejemplo, que saboreaste un poco el éxito tras presentar una medida para recortar costos que le ahorró dinero a tu departamento. Todos están impresionados, no sabían que podías hacer algo así. Sin embargo, en lugar de invitarte a participar en el equipo responsable de llevar la idea a la siguiente fase, de pronto un grupito de imitadores, detractores y ladrones hacen todo lo necesario para obstaculizar tu camino. Es bien sabido que en el mundo corporativo hay gente que te apuñala por la espalda y se atribuye el crédito que te corresponde porque tú fuiste quien tuvo la revelación. Cuando empieces a recibir el reconocimiento que mereces, esas personas se apresurarán a arrebatarte eso también.

Lo siento, sé que no son las noticias que esperabas escuchar, pero es la realidad para todos los que nos atrevemos a arder hasta las últimas consecuencias. En el camino ascendente hacia la creación de oportunidades reales para nosotros, nuestras familias, nuestros compañeros de trabajo y otras personas, es lógico que haya una o varias personas por ahí que quieran hacernos caer.

La buena noticia es que estás a punto de convertirte en un experto en *adaptar tu forma de abordar las situaciones*.

Puedes tomar lo que ya sabes, mezclarlo un poco y seguir avanzando con mucha más velocidad, fuerza y resistencia. Todo ese tiempo estarás un paso más allá de todos aquellos que traten de hacerte tropezar. Solo recuerda que *cuando vengan a detenerte, deberás cambiar tu juego.*

A continuación hablaré de tres tácticas factibles que yo tuve que aprender:

1. Táctica para detectar el sabotaje.
2. Táctica para mantenerse tranquilo.
3. Táctica para entrar de lleno a la modalidad de resolución de problemas.

Como verás más adelante, la capacidad de adaptación forma parte de tu ADN. Recuerda esto y también recuerda que quien está advertido está preparado.

♨

AL PRINCIPIO NO LOS VI VENIR. DE HECHO, nunca me había sentido tan validado en la vida como en ese victorioso momento en que Roger Enrico iluminó la sala al extender los brazos y decir que yo les había mostrado a todos cómo atrapar esa "mucha participación en el mercado".

Estaba asombrado. Miré alrededor, vi a las mismas personas que poco antes se habían mostrado furiosas y a la defensiva por tener que estar ahí, y noté un cambio. Claro, ya se habían relajado un poco conmigo, pero en cuanto Roger habló, el cambio fue mayor: vi sus miradas iluminarse, los vi sonreír emocionados y asentir con la cabeza. Había tanta libertad en esa abarrotada sala que sentí como si estuviera en una especie de resurgimiento.

De repente, cuando terminó la reunión, se iniciaron conversaciones entre diversos grupos, como la gente del departamento de Investigación y Desarrollo, los científicos de alimentos y el personal de Ventas y Mercadotecnia. No alcanzaba yo a escuchar mucho, pero parecía que todos estaban listos para ir a trabajar y lanzar la producción de los Cheetos Flamin' Hot.

Roger Enrico se aseguró de que yo supiera que me ayudaría cuando fuera necesario y que tendría acceso especial a él. Sin embargo, también era obvio que ahora se daría inicio al proceso usual para el lanzamiento de un nuevo producto. Hubo algunas felicitaciones y exclamaciones como "¡Buen trabajo!", pero nadie mencionó aumentos de sueldo ni ascensos. Eso me desanimó un poco, pero yo no estaba pensando en llevarme el crédito ni en recibir una compensación. Tal vez fui ingenuo, pero me hizo muy feliz el hecho de saber que era aceptado, que era uno de los jugadores del equipo. Obviamente no iba a estar a cargo del mismo, pero sí esperaba desempeñar un papel importante.

¡Vaya que estaba equivocado! Los ejecutivos de Investigación y Desarrollo y los científicos de alimentos me notificaron que iban a lanzar los Cheetos Flamin' Hot con una mezcla de sazonador patentada y que posiblemente sería un poco menos picante que la salsa secreta original de Judy. Fuera de eso, el producto sería igual. De vez en cuando me solicitaron que hiciera pruebas de sabor para asegurase de que este conservara su atractivo y su autenticidad. Les di el visto bueno y supuse que las otras variedades de intensidad de picor aparecerían más adelante.

Mientras tanto, como no tenía noticias de la división de Mercadotecnia en Dallas, contacté a un director regional para preguntar cómo iba el lanzamiento del producto, y él me hizo sentir insultado hasta cierto punto. Me hizo saber que en realidad no me veía como líder.

—Ay, Richard —dijo—, esto no es lo suyo. Usted es un individuo que tiene ideas y eso es a lo que debería limitarse. No sabe nada sobre estrategia.

¿Estrategia? ¿De qué estaba hablando? Francamente, ni siquiera sabía lo que significaba esa palabra. Cuando la busqué en el diccionario, esto fue lo que encontré:

> Una estrategia es una manera amplia y general de abordar un proyecto en la que se determinan con anticipación ciertos *elementos estructurales* y se seleccionan de manera preferencial algunas *direcciones a seguir* de entre varias. El objetivo es *diferenciar* la forma en que dicho proyecto es percibido en el *ambiente* de manera general y anticipar la acción de los *oponentes* de manera particular.[11]

Eran muchas palabras, pero no sonaba tan difícil. Tras reflexionar un poco me di cuenta de que mis estrategias ya me habían servido para lograr varios objetivos antes. Tener la capacidad de ver lo que los otros no veían —lo que siempre estuvo ahí, pero nadie notó sino hasta que se reveló— era la parte que se refería a la idea, sí. Sin embargo, al transformar esas revelaciones en productos y proyectos con mi propia empresa de investigación y desarrollo en casa durante todo ese tiempo, yo había estado practicando cómo ser un estratega.

Me sentí un poco lastimado por el comentario, pero supuse que, entre otras cosas, seguiría trabajando y comenzaría a armar propuestas para futuros proyectos,

---

[11] "Strategy", Inc., www.inc.com/encyclopedia/strategy.html. Actualizado el 5 de enero de 2021.

arropado por el abarcador concepto de Flamin' Hot. De entre más de diez innovaciones y políticas que diseñé o ayudé a desarrollar y proponer, varias venían de la franquicia Hot: las palomitas de maíz Flamin' Hot, los Fritos Flamin' Hot y los Fritos con limón y chile. Mientras las nuevas ideas estaban en proceso, me avisaron que en Dallas necesitaban mi ayuda.

Emocionadísimo, me apresuré a regresar a casa para contarle a Judy que me había contactado la secretaria de uno de los principales doctores en tecnología de los alimentos de Frito-Lay. Este científico trabajaba en las oficinas centrales, era el director de Investigación y Desarrollo, y se había negado a viajar a California para la presentación en Rancho Cucamonga. La secretaria me informó que su jefe, a quien me referiré como doctor H., quería reunirse conmigo. La gente de su departamento haría lo necesario para que yo volara a Dallas —mi primer viaje en avión— y me reuniera con el equipo. Estábamos muy emocionados. Mi familia y yo celebramos anticipadamente todo el éxito por venir.

Este viaje fue controversial desde un principio porque yo seguía trabajando por hora y no tenía un salario que incluyera viáticos, ni ninguna prestación de ese tipo. Finalmente, la empresa aprobó y pagó mi viaje. Me pidió un registro de las horas trabajadas, práctica que duraría varios años. Tiempo después, me otorgaron un ascenso real a un nuevo puesto con título: gerente de envasado de producto. Pero a pesar de ello continuaron pagándome por hora hasta que surgió otra controversia.

Cuando estuve parado afuera del edificio de Investigación y Desarrollo en el complejo de las oficinas centrales de Frito-Lay en Plano, Texas, veinte minutos al norte del centro de Dallas, tuve la sensación de estar a punto de atravesar el umbral hacia mi futuro. ¿Me podía ver a mí mismo como un ejecutivo llegando a trabajar todos los días a ese lugar en ese elegante entorno con la apariencia de un parque? ¿Por qué no?

El entusiasmo hacía que mi corazón palpitara con fuerza. Me acerqué al mostrador principal para registrarme y le dije mi nombre a la recepcionista.

—Bienvenido, señor Montañez, deme un minuto, le voy a conseguir un traductor.

—Hablo inglés —contesté riéndome.

Al parecer, la recepcionista pensó que era un ejecutivo de nuestra división de México. Como era uno de los primeros empleados latinos en atravesar esa puerta como visitante especial tras haber viajado en avión a cargo de la empresa, ella solo dio por hecho que venía de otro país. Se disculpó, le dije que no se preocupara y le pregunté si estaba en el lugar correcto para encontrarme con el jefe de Investigación y Desarrollo. Sin pensarlo, lo llamé señor H.

Ella me miró horrorizada.

—*Doctor H.* —dijo enfáticamente—, solo nos referimos a él como *doctor.*

Eso significaba que por ninguna razón podría llamarlo por su primer nombre o decirle "señor" en lugar de "doctor". Me pareció un poco exagerado, pero él era un vicepresidente senior de Frito-Lay y yo, por supuesto, no quería ser irrespetuoso.

Finalmente me llevaron a una gran suite de oficinas y su secretaria personal me repitió que me asegurara de referirme a él como *doctor H.* Luego me condujo a su oficina privada. Ahí estaba el corpulento escocés sentado detrás de su escritorio como un general al que solamente le hacía falta el *kilt* (que, de hecho, sí usaba en ocasiones especiales). El doctor H. tenía el marcado acento de su lugar de origen y una voz sumamente sonora.

Antes de que pudiera yo decir algo, él me miró de arriba abajo y dijo:

—Ah, entonces usted es Richard Montañez.

—Gusto en conocerlo, doctor —dije y estreché cómodamente su mano antes de sentarme.

El doctor H. no era precisamente un hombre cálido o agradable, pero no se andaba con rodeos, lo cual aprecié. Primero me agradeció por haber viajado a Dallas y dijo:

—Solo quería ver cómo podríamos trabajar juntos porque usted está haciendo las cosas de manera incorrecta —era la primera vez que alguien me decía eso. ¿En qué me estaría equivocando?—. Usted no puede simplemente crear un producto y esperar que vendamos algo que no fue desarrollado de la manera adecuada. No puede inventarlo en casa, ponerlo en bolsas y entregarlo. Va a lograr que la gente se enferme.

El doctor explicó que incluso para hacer prototipos se tenía que usar agua de alta calidad y niveles de pH apropiados para mojar el maíz. Por supuesto, yo había aprendido eso en la planta, pero no lo mencioné porque él estaba decidido a darme el curso relámpago en tecnología de los alimentos, así que solo escuché con atención.

Le dije que era información importante y que la tomaría en cuenta para los futuros productos. El doctor H. realmente quería causar una impresión fuerte en mí para que no anduviera aventurándome en cuestiones científicas de las que sabía muy poco. Me mostró los laboratorios de alimentos y me presentó a varios de los bromatólogos, así como a empleados y empleadas del departamento de

Investigación y Desarrollo. A algunos ya los conocía. Como me sentía confiado respecto a mis ideas, antes de irme sugerí la posibilidad de hacer concursos en el futuro para encontrar nuevos sabores para las botanas.

Mala idea. Los Cheetos Flamin' Hot todavía no empezaban a producirse, así que probablemente me estaba adelantando. Además, no pensé ni por un instante en la posibilidad de que me robaran mi destino.

A medida que avanzó el día y que me presentaron a más doctores, me fui dando claramente cuenta de que su estrategia consistía en intimidarme. Hicieron énfasis en todos los años que habían estudiado, así como en todas las cosas que ellos podían hacer en los laboratorios y que yo jamás lograría por mi cuenta. Para cuando regresé a casa fue difícil no sentirme desmotivado. Era como si el producto de mi mente, mi creación, hubiese sido adoptado por desconocidos a quienes no les importaba su origen. Tomaron mi revelación y la matizaron para producirla en masa, pero mi opinión no les interesaba. Yo no podía hacer gran cosa, solo mantener la compostura y asegurarles a todos que estaba contento de pertenecer al equipo.

Al realizar esa visita no tenía idea de que el doctor H. les había enviado a los jefes de Mercadotecnia y Ventas varios memorándums sobre los Cheetos Flamin' Hot que decían: "No apoye esto". Afortunadamente, esos ejecutivos sabían que Roger Enrico quería ver el producto en las tiendas.

También tuve suerte de que el doctor H. no contara con apalancamiento para controlarme. Por eso trató de involucrar a otros y hacer que ellos me sabotearan.

Yo no lo sabía, pero el doctor H. también contactó a Al Carey, quien para ese momento era presidente de Frito-Lay Norteamérica.

—Necesita decirle a Richard que se detenga —dijo el doctor H.

—No —contestó Al—. No puedo decirle a uno de mis trabajadores que deje de pensar.

Parece que esto condujo a una acalorada discusión. Al Carey me contó sobre esta charla tiempo después. No era el tipo de persona que necesitaba que le dijeran lo que tenía que hacer.

—No te preocupes, Richard, sigue haciendo lo que hasta ahora. Él no puede despedirte —me explicó, y esto me tranquilizó. Riéndose, añadió: yo sí podría hacerlo porque estás en mi lista de nómina. Pero él no.

Hablar con Al me brindó una especie de alivio mezclado con preocupación por la realidad. Las señales habían estado ahí, así que ahora me aseguraría de no volver a soslayarlas. Si en algún momento llegaras a preguntarte si te están saboteando, piensa en estas señales:

* Si te dan luz verde, pero no recibes noticias sino hasta después, y estas llegan de manera repentina, es porque la persona o personas en el poder te están tratando de desconcertar. Es una estrategia para conservar el poder.

* Al hecho de que te pongan una trampa para que falles y dudes de ti mismo, se le llama *gaslighting* en inglés. Y si te llegas a quejar de que te hicieron esto, te dirán que estás paranoico.

* Cuando sientes que te están excluyendo, pero solo hasta cierto punto, a menudo es porque todavía te necesitan por las cosas que sabes y ellos ignoran. Seguirán presionándote hasta llevarte al límite, pero no te sacarán

por completo. Este comportamiento es un indicio de que representas una amenaza para ellos.

Yo decidí armarme de valor y tomarme las cosas con calma. Tienes que mantenerte tranquilo porque (a) tus detractores seguirán detestándote y no puedes cambiar eso, (b) no querrás bajarte a su nivel y (c) podrías estar paranoico. O bueno, al menos eso pensé de mí mismo hasta que llegó el momento de fabricar el producto en nuestra planta y el departamento de Investigación y Desarrollo envió a un especialista a construir la línea. Usualmente, este proceso exige un par de semanas y un equipo completo, pero en esta ocasión, como el gerente de mi planta no tenía presupuesto, el especialista y yo tuvimos que armar la línea física solos, y luego nada más nos dieron cuatro horas para hacer pasar el producto para las primeras mil bolsas aproximadamente. La configuración que estableciera el especialista, cualquiera que esta fuera, definiría las especificaciones para producir los Cheetos Flamin' Hot de manera permanente. Cuatro horas. ¿Sabotaje? El especialista de las oficinas centrales instaló un laboratorio/cocina, mezcló las especias, hizo la medición del queso, estimó los pesos y los tiempos, hizo todos los cálculos matemáticos, verificó conmigo y, con mucho cuidado, volvió a verificar sus datos tres veces. Luego trajimos un equipo base para el viaje inaugural de mi propia revelación.

Los primeros Chectos que salieron de la línea lucían asombrosos, pero su sabor era regular, salieron casi insípidos. Cuando lo comenté, el especialista se encogió de hombros y me dijo que todo estaba configurado con exactamente la misma proporción que yo había utilizado en casa. Algo no andaba bien. El sabor no era el correcto. No estaba seguro de qué hacer, así que oculté mis preocupaciones, pero en el fondo me sentía muy incómodo. El equipo no sabía nada. Todos mis amigos me estaban felicitando y dándose palmadas en la espalda entre sí porque les emocionaba haber participado en la primera producción. Para ese momento empecé a dudar de mi preocupación: tal vez mi reacción era exagerada.

Esa noche no pude dormir; solo daba vueltas en la cama. De pronto recibí la llamada del especialista de producción. Me llamó desde su motel para decirme que yo tenía razón, había revisado sus cálculos y mediciones, y descubrió que se había equivocado. Cuando introdujo la proporción del sazonador picante para los Cheetos, solo asignó la mitad de lo que le correspondía a cada fritura. Entonces me dio las especificaciones que debían usarse. A partir de su tono de voz traté de dilucidar si su error había sido intencional y después su conciencia le hizo cambiar de opinión, o si realmente se había equivocado y luego se dio cuenta. Pero la respuesta no importaba porque yo nunca sabría la verdad. Lo único que tenía claro era que debía encontrar una solución de inmediato.

En cuanto colgué el teléfono les llamé a varios de mis compañeros de trabajo y les pregunté si podrían ir a la planta a ayudarme a dirigir la línea. Ya era de madrugada y todos estaban dormidos, pero dijeron que sí porque pensaron que me refería a ir el día siguiente. Cuando les expliqué que tenía que ser en ese momento, a las dos de la mañana, todos se quedaron en silencio un instante, bostezaron y luego dijeron: "Cuenta conmigo".

Ningún integrante de mi equipo recibió un pago por ese turno, pero a veces uno no hace las cosas por dinero.

A veces las haces por tu legado, por la historia, por tu familia. Todos ellos podrían ahora afirmar que estuvieron en ese lugar cuando nació la primera camada de Cheetos Flamin' Hot. Sabían deliciosos, mucho mejor de lo que había imaginado.

Una vez más, entrar en la modalidad de resolución de problemas impidió que me robaran mi destino. A partir de ese momento mantuve los ojos abiertos para detectar cualquier irregularidad, me mantuve tranquilo y estuve preparado para involucrarme discretamente en lo que fuera necesario, aunque me avisaran con poca anticipación.

Ya teníamos los medios para hacer el producto, pero todavía nos quedaba por delante la verdadera prueba, salir y obtener participación en el mercado. Los gerentes regionales de Mercadotecnia y Ventas se opusieron a un gran lanzamiento con publicidad o cualquier tipo de promoción importante. En lugar de eso, decidieron presentar los Cheetos Flamin' Hot de manera limitada en Los Ángeles y sus alrededores.

Me parecía una estrategia cuestionable a todas luces, pero me convencieron de que ellos sabían lo que era más conveniente, y decidí no preocuparme. Tenían producto, así que di por hecho que las cosas seguían avanzando. Pero un par de meses después, escuché el rumor de que iban a eliminar los Cheetos Flamin' Hot.

Cuando pregunté si era cierto, algunos de los ejecutivos menores de Mercadotecnia me dijeron que había sido un buen intento, pero que si un producto no tenía el potencial de generar por lo menos treinta millones de dólares al año, lo eliminaban gradualmente.

Julius me había advertido que algo así podría suceder, pero también esperaba que la recomendación de boca a boca compensara la falta de apoyo publicitario que tuvieron los Cheetos Flamin' Hot. Él había visto los memorándums que de manera específica indicaban que nadie debía ayudarme y que, al parecer, circularon sin que Roger Enrico lo supiera.

Al ver lo enojado que estaba, Julius trató de apaciguarme.

—¿Qué piensas hacer? —me preguntó— ¿Renunciar?

Lo pensé por un momento y me di cuenta de que hacer eso me dejaría sin trabajo y no le ayudaría a nadie. Por otra parte, después de todo lo que Roger había hecho para mostrar que creía en mí, tampoco podía ir a quejarme con él.

Entonces tuve una revelación estratégica que me condujo a una manera totalmente distinta de abordar la situación. El antiguo yo había sido un luchador cuyo temperamento ocasionalmente se encendía. Ahora que todos estaban en mi contra, tenía que responder, así que si lo que deseaban era pelea, se las verían conmigo. Solo que no haría las cosas como en el pasado. Me parece que a veces, lo mejor que puedes hacer en una pelea es no pelear. Al menos, no de manera abierta. Esta estrategia te permite cambiar tu juego y desarmar a la gente que cree que puede abatirte. Te vuelve invencible.

Si quería seguir actuando como dueño, tendría que rechazar las opiniones de quienes no creían que pudiera darle la vuelta a sus ataques con estrategias diseñadas por mí mismo y más ingeniosas que las suyas. La enseñanza de mi nueva manera de abordar la situación era: *no se trata de cuán astuto eres, sino de tu forma de serlo.*

Una vez más, el hecho de venir del barrio y de contar con algo de credibilidad en la calle me daría la habilidad de adaptación que necesitaba de inmediato.

CUANDO DIGO QUE ES IMPORTANTE MANTENERSE EN LA MODALIDAD DE RESOLUCIÓN DE PROBLEMAS, me refiero a que hay que prepararse para las puñaladas por la espalda y desarrollar un mantra sobre cómo ser más astuto que tus contrincantes. Esto te ayudará a no tomarte las cosas de forma personal, incluso si esa es efectivamente la intención de tus opositores. ¿Cómo te mantienes tranquilo cuando en tu interior estás totalmente abatido? Utiliza lentes oscuros. No dejes que te vean sudar.

En cuanto adapté mi reacción y dejé de concentrarme en los cuchillos en mi espalda, tuve que actuar como un científico en busca de la verdad para averiguar la manera en que estaba siendo saboteado mi producto en ciernes. Específicamente, tenía que salir a los vecindarios e ir a las tiendas a las que supuestamente les estaban distribuyendo los Cheetos Flamin' Hot pero que, de acuerdo con lo que me contaron, no los estaban vendiendo.

Descubrí algo perturbador. Por supuesto, el producto no estaba llegando a los consumidores porque la empresa no lo estaba poniendo donde debía. Para ese momento, yo ya conocía a casi todos los vendedores que entregaban órdenes en la mayor parte de la gran zona de Los Ángeles, y ellos me mostraron sus cifras para probarlo. Los departamentos de Ventas y Mercadotecnia no estaban promoviendo el producto y por eso las cifras eran bajas y no había pedidos nuevos.

Incluso los vendedores estaban sorprendidos. Les encantaban los Cheetos Flamin' Hot, pero lo único sobre lo que tenían control era las entregas que realizaban en las direcciones que les indicaban. Mi amigo Bill, uno de los vendedores, trató de reconfortarme:

—Esto está muy mal, pero tú hiciste un gran trabajo. Así son las cosas a veces.

No era lógico. Si había una empresa que en verdad sabía cómo lanzar una marca nueva, era Frito-Lay. Incluso si lo que querían era mantenerme al margen a mí, a los "Hots" de todas formas tenían que darles una oportunidad.

El siguiente fin de semana, mi familia y yo fuimos en automóvil a algunas de las tiendas de la ruta de Bill y detecté el problema de inmediato. En el exhibidor, en medio de todos los otros productos conocidos, había una sola bolsa de Cheetos Flamin' Hot. Una bolsa. Desafortunadamente, el hecho de que alguien comprara esa única bolsa y le encantara el producto, no les daba a los dueños o los gerentes de las tiendas una razón de importancia para volver a ordenarlo.

Yo tenía dos opciones: ponerme furioso o contraatacar. ¿Qué podría hacer para cambiar las cosas de verdad? Usé mis habilidades empresariales adquiridas en la calle y diseñé una estrategia básica y radical, luego vacié mi cuenta bancaria y eché a andar el plan. Primero hice un mapa de todas las tienditas y mercados a los que les habían enviado una sola bolsa y empecé a visitar con mi familia la mayor cantidad posible. Entrábamos, comprábamos la bolsa, nos comíamos los Cheetos en la tienda y reaccionábamos apasionadamente. Luego me acercaba al dueño o al gerente.

—Oiga, ¿qué son estos Cheetos Flamin' Hot? Saben genial, a mis hijos les encantaron. ¿Tiene más? —le preguntaba.

—No, se nos acabaron, pero vamos a ordenar más. Regrese el próximo fin de semana —contestaban invariablemente los empleados, gerentes o dueños.

Y eso hacíamos. La siguiente ocasión comprábamos las tres o cuatro bolsas que habían llegado a la tienda. Poco después regresamos y vimos que los dueños o gerentes habían guardado incluso cierta cantidad para su consumo personal.

No pasó mucho tiempo antes de que las órdenes se empezaran a multiplicar de forma exponencial. Mi estrategia funcionó tan bien, que contraté a amigos para hacer lo mismo con sus hijos. Además de darles dinero para que compraran los Cheetos Flamin' Hot, les pagaba cierta cantidad o los invitaba a comer para regresarles el favor que nos hacían al ir a todas las tiendas de los vecindarios latinos a los que podíamos llegar. Los jefes de los departamentos de Ventas y Mercadotecnia estaban desconcertados. Yo, con aire inocente, me asomaba a ver cómo iban las cosas:

—Oigan, ¿todavía van a eliminar los Cheetos Flamin' Hot? —les preguntaba.

—Bueno, pues estamos recibiendo órdenes, así que aún no.

Durante un mes, todos los sábados y domingos, la mía y otras familias hicieron esto hasta que las pequeñas tiendas familiares, los 7-Eleven, las licorerías y los grandes supermercados empezaron a llenar sus exhibidores con este ardiente producto. De casi no hacer ventas, pasamos a recibir órdenes de 2,000 a 10,000 dólares o más semanalmente, y a partir de ese punto las cosas empezaron a mejorar.

Eso era solamente el principio. La participación en el mercado había aumentado, pero yo todavía tenía que usar mi visión y mi hambre para superar el miedo a caer en bancarrota: debido a mi esfuerzo personal por construir una base de clientes en el vecindario alrededor del sur de California, mi situación económica se volvió aun más delicada. Comprendí que cualquier empresa que deseara construir una base leal de clientes para un producto nuevo tendría que regalar muestras. Mi idea era hacerlo sin que la empresa tuviera que pagar por ello, pero para una demografía que realmente apreciara el regalo. Una vez más recurrí a Bill, del departamento de ventas, y le pregunté si podría venderme unas cien cajas de producto que yo le pagaría después. El sistema de registro que él llevaba le permitía pagar la cuenta para este tipo de situaciones, así que me fiaría hasta el momento en que yo pudiera pagarle.

Mi siguiente parada fue para visitar a un obispo auxiliar de la Arquidiócesis Católico-Romana de Los Ángeles. Con todo respeto, pregunté si podría donar diez cajas de Cheetos Flamin' Hot para que los disfrutaran los feligreses el domingo después de la misa.

—¿Donar? —me preguntó sorprendido. Les ofrecían muchas donaciones de alimentos, pero generalmente no provenían de los fabricantes de las botanas más populares. El obispo auxiliar me agradeció con creces y comentó que muchas personas de su rebaño eran muy pobres y tenían hambre, por lo que disfrutarían mucho las botanas. Su excelencia también tomó una bolsa que le entregué y se convirtió en un seguidor de inmediato.

Ese primer domingo hicimos la donación después de la misa. Yo estaba muy feliz de ver a familias como la mía ansiosas de abrir sus bolsas de Cheetos Flamin' Hot, devorarlos y preguntar enseguida (al menos, quienes podían comprar botanas ocasionalmente): "¿Dónde podemos adquirirlos?".

El sabor del chile tiene un ligero efecto calorífico que resulta muy agradable para las papilas gustativas, mientras que el toque de azúcar compensa el picante y te hace querer más. Cuando repartimos los Cheetos esa primera vez, y luego cuando repartimos más en otras iglesias de la arquidiócesis, averiguamos los nombres de las tiendas del vecindario para ir rápidamente a llenar órdenes. Los beneficiarios de esta estrategia no eran solamente Cheetos Flamin' Hot y Frito-Lay, sino también todas las tiendas y mercados que estaban mejorando sus ventas. En aquel tiempo yo no lo sabía pero, como futuro ejecutivo, estaba construyendo un modelo de desarrollo comunitario y alineamiento estratégico con socios de venta al menudeo, que nadie había implementado de esa manera hasta entonces. Por ejemplo, si alguna organización de caridad llegaba a Frito-Lay a pedir dinero para una colecta de fondos por venir, yo trabajaba en colaboración con un negocio local que vendiera nuestros productos, como una cadena de supermercados, hacía que nuestro fondo de desarrollo comunitario firmara el cheque y se lo diera a ese negocio, y luego copatrocinaba el evento o programa comprando una mesa en la colecta de fondos o colocando un cartel. ¿Por qué no propagar la buena voluntad por todas partes? ¿Por qué no promover Flamin' Hot, otras marcas de PepsiCo y a nuestros socios de venta al menudeo en las comunidades?

Desde que podía recordar, incluso en mis días de más hambre, siempre supe que había alguien más hambriento y pobre que yo a quien podría darle una parte de lo que tenía para comer. En esa época en que estaba vaciando mi cuenta bancaria para evitar que los Cheetos Flamin' Hot terminaran en el bote de la basura de las botanas picantes, me encontraba más hambriento que nunca. Por eso me identificaba con las familias que estaban tan felices y sorprendidas de que les entregaran una botana gratuita en su camino a la iglesia. Esa mercadotecnia callejera en realidad fue un regalo para mí. Me hacía feliz salir a Los Ángeles y sus alrededores, ayudar a propagar la noticia, construir una base de clientes y ofrecer algo gratuito a quienes no podían pagar para comprar sus propias bolsas de botanas.

Hicimos eso durante un mes y las tiendas del área hicieron bastante ruido. En las oficinas centrales de Frito-Lay nadie podía entender cómo se había generado ese impulso sin un respaldo de inversión para mercadotecnia ni publicidad. Lo único que sabían era que mientras hubiera órdenes, no podían cancelar el proyecto de los Cheetos Flamin' Hot. Al menos, no todavía.

Una noche, mientras hablaba con Judy respecto a los clientes a los que quería llegar, me preguntó:

—¿Quiénes son los mejores compradores de alimentos?

Era sencillo.

—Las amas de casa —respondí.

Ella estuvo de acuerdo. La mayoría de los presupuestos los diseñaban y los ejercían las mamás, las esposas y las mujeres que trabajaban fuera de casa. Si tenías un presupuesto limitado, ¿le darías prioridad a una botana picante? Obviamente, tendrías que adorarla y sentirte como en una fiesta o celebrando una ocasión especial cada vez que abrieras una bolsa.

Mientras pensaba en las preguntas de Judy, recordé que teníamos una amiga que ocupaba un nivel muy elevado en un grupo local de Tupperware. Cuando le llamé y le pregunté si quería producto gratis para sus reuniones, estuvo encantada. Le entregué varias cajas y, poco después, le urgía contarme que las señoras se habían enamorado de los Cheetos Flamin' Hot y que ahora iban a las tiendas locales a comprarlos para asegurarse de tener bastantes en la alacena. A través de la recomendación de boca a boca, las señoras de Tupperware —amas de casa, mamás y otras mujeres que conformaron la categoría número uno de compradores— se convirtieron en una fuerza de ventas no pagada recomendando un producto de Frito-Lay a más mujeres como ellas en todo el país.

El recurso de la adaptación me vino bien. Poco antes no tenía ni idea de lo que significaba *participación en el mercado*, ¡y en unos cuantos meses ya estaba preparando el camino para tener en el futuro una tarjeta de presentación que dijera: "El padrino del *branding* latino"!

Con todo ese incremento en el negocio, nuestras horas en la planta aumentaron y yo me sentía confiado en que la parte difícil de escalar de esta etapa había llegado a su fin. No podía estar más equivocado.

A pesar del aumento en la demanda proveniente de los vecindarios latinos en todo el sur de California, parecía que quienes estaban en posición de decidir habían resuelto que la fase de prueba de mercadotecnia había terminado. Volví a escuchar las cifras que, aunque prometedoras, no eran suficientemente altas. Durante todo ese tiempo evité quejarme con Roger Enrico o Al Carey, pero finalmente tuve que decir algo para asegurarme de que entendieran que no hubo apoyo en cuanto a mercadotecnia, ni presupuesto ni nada, y que de todas formas habíamos empezado a capturar la importante demografía y la participación en el mercado que prometí.

En unas cuantas horas, uno de los ejecutivos superiores del departamento de Mercadotecnia estaba camino a Los Ángeles para trabajar conmigo. Cuando le mostré lo que había logrado sin ayuda, solo encogió los hombros. Su reacción no pudo ser más racista.

—¿Me está diciendo que a Frito-Lay no le importan ni la cultura ni los consumidores latinos? —le pregunté. A diferencia de otras ocasiones, esta vez presioné.

—En absoluto —aclaró el ejecutivo.

Él sabía que la población hispana iba en aumento y valoraba este nuevo grupo de clientes, pero luego me mostró las cifras. Solamente 2% del negocio de las botanas lo conformaban consumidores latinos. Para que un producto tuviera una vida de anaquel larga, teníamos que perseguir al 98% restante de todos los compradores potenciales.

De pronto desapareció todo el humo. Yo no tenía por qué estar furioso ni tomarme de manera personal lo que parecía un acto irrespetuoso de su parte para con mi gente. De hecho, me sentí agradecido. Acababa de darme información vital. Entonces le dije lo que había estado haciendo en los vecindarios latinos, y él no solamente me felicitó, también me dijo que iba a solicitar por lo menos un presupuesto modesto para que pudiera seguir haciendo eso, pero en otros sectores demográficos.

Y eso fue lo que sucedió. Con unos cuantos dólares más y la oportunidad de trabajar de manera legítima en la mercadotecnia, hice en la comunidad afroestadounidense exactamente lo mismo que había hecho en mi vecindario. Julius me animó y me ayudó. La familia y yo regresamos, visitamos las tiendas en esas comunidades y conocimos a todos los dueños y gerentes. Luego empezamos a regalar muestras después de los servicios religiosos, y varios pastores negros se convirtieron en algunos de mis mejores y más duraderos amigos. Donamos Cheetos Flamin' Hot a más grupos de Tupperware y a otras organizaciones de mujeres.

Julius y yo solíamos reírnos del hecho de que, antes de que aparecieran los Cheetos Flamin' Hot, tanto los latinos como los afroestadounidenses ya les estaban poniendo salsa picante a sus frituras, directamente en la bolsa. En cualquier caso, en cuanto hicimos el lanzamiento oficial a nivel nacional, estábamos preparados para tener éxito en todos los vecindarios. En lugar de tener que viajar para presentarles los Cheetos Flamin' Hot a los consumidores convencionales, ahora ellos vendrían a nosotros porque no querrían perderse el nuevo sabor favorito de las urbes estadounidenses.

Para principios de los noventa, los Cheetos Flamin' Hot eran oficialmente un producto esencial de la familia de marcas de Frito-Lay, e íbamos camino a convertirnos en una marca de miles de millones de dólares al año.

Desafortunadamente, esto no significaba que mis detractores de antaño no estuvieran todavía tratando de hacerme caer. Aún quedaban más lecciones por aprender.

🔥

CONTRA TODO PRONÓSTICO, PARA 1995 LOS CHEETOS FLAMIN' HOT YA NO ESTABAN EN peligro de ser eliminados. Mi reputación de individuo creativo capaz de trabajar también en el ámbito estratégico iba mejorando a pesar de que los ladrones de destinos siempre estaban preparados para bloquearme. De manera general, yo aceptaba sin dificultad la idea de que los gerentes y los ejecutivos del nivel superior me guardaran resentimiento por la posibilidad latente de que los superara en cuanto a logros, y por mi acceso a los ejecutivos senior y de los niveles más elevados. Pero lo que no podía tolerar en absoluto era que mi origen étnico los sacara de quicio. El hecho es que el racismo sistémico era rampante y se manifestaba de forma continua, aunque usualmente era a través de comentarios insensibles y no necesariamente de insultos descarados.

Había un ejecutivo en particular al que llamaré JT. Este individuo trabajaba en el área de Producción, era respetado porque dirigía de forma exitosa divisiones y campañas de productos, y también era popular porque hacía comentarios racistas y sexistas. Un día, JT malinterpretó algo que comenté sobre él y decidió atacarme. En realidad, lo que dije fue un halago respecto a lo bien que desempeñaba su trabajo, pero la manera en que se difundió, de alguna manera hacía entender que yo quería quedarme con su empleo. No era el caso en absoluto, pero este hecho se sumó a lo fuertemente amenazado que se sentía por mí y a su manera de reaccionar.

JT siempre estuvo muy cómodo con el antiguo sistema de mando y control que para mediados de los noventa había cambiado bajo el liderazgo y la influencia de Roger Enrico. Para ese punto, Roger había adaptado muchos de los anticuados procedimientos para hacer negocios que, en algún momento, se convirtieron en malos hábitos en Frito-Lay. Recortó costos generales y operativos, lo cual no les agradó a todos; y atacó el problema de los gerentes que gastaban demasiado dinero en sus prestaciones, pero no invertían lo suficiente en programas de entrenamiento o en motivar la excelencia en el desempeño laboral. En toda la empresa, se despidió a 1,700 empleados que, generalmente, eran gerentes que no realizaban funciones significativas. Después de pedirnos a todos que nos comportáramos como dueños, Roger nos aseguró, a quienes no fuimos despedidos, que el ahorro de los recortes no sería para el pago de ejecutivos, sino para generar más horas de trabajo y oportunidades de crecimiento para los empleados de primera línea.

Los ejecutivos como JT odiaban el cambio y, al parecer, todo lo anterior hizo que me guardara aun más resentimiento porque sabía que Roger Enrico prestaba atención a lo que yo decía y confiaba en mí. Yo, sin embargo, no supe nada de esto sino hasta que la situación alcanzó un punto crítico en una conferencia en Dallas a la que me invitaron, y donde se mostrarían los nuevos tipos de maquinaria que usaríamos en todas nuestras plantas. Como yo fui quien escribió los manuales y supervisé el entrenamiento, lo lógico era que me incluyeran en la conferencia para mostrar la nueva máquina envasadora que mejoraría el proceso de trabajo en muchas de las plantas.

En algún momento vi a JT caminando hacia mí como si hubiera escuchado un grito de guerra. Pidió hablar conmigo, me condujo al pasillo del gran centro de conferencias y se soltó a insultarme y a decirme cómo había arruinado tal cosa, ignorado tal otra, y que quién creía yo que era.

—Y no me importa si eres mexicano o si Roger Enrico es mexicano...

La mayoría de la gente sabía que Enrico era italoestadounidense, pero no corregí a JT. Solo me quedé mirándolo sin mostrarle lo molesto que estaba. Él despotricó y desvarió respecto a mi esfuerzo por diversificar nuestra línea de productos, lo cual, según él, afectaba su balance.

De pronto puso el dedo frente a mi rostro y dijo:

—Voy a hacer que tu vida sea miserable, cuenta con ello.

Hubo algunos insultos más y unas cuantas palabrotas por aquí y por allá.

En lugar de poner en riesgo mi futuro reaccionando de manera incorrecta (claro que el instinto me decía que le diera un puñetazo en la cara, pero contuve a mi lengua y mis puños), terminé hablándole de este problema a Roger Enrico en un viaje a las oficinas centrales de PepsiCo en Nueva York. Era raro que yo me quejara con el director respecto al maltrato por parte de un ejecutivo porque vengo de un mundo en el que uno no delata, incluso si se trata de alguien que en verdad quiere hacerte daño. Pero tengo un límite.

Roger me dio un sabio consejo.

—Richard, bastaría con que yo levantara el auricular e hiciera una llamada para que lo despidieran —me dijo. A mí me sonaba perfecto, pero luego añadió: O, mejor, lo arreglas tú mismo. Te voy a decir cómo.

Decidido a hacerme cargo del asunto yo mismo, escuché la explicación de Roger sobre una estrategia aplicable a muchas situaciones. Me dijo que él se había visto forzado a aprender a cambiar, en lugar de tratar de cambiar a otros, y que de esa manera evitó que sus detractores lo desviaran de su objetivo. Al principio de su carrera mencionó que había aprendido una lección sobre cómo manejar una dificultad sin causar un conflicto que pudiera causar mayores problemas. En esa época los hombres acostumbraban ir a clubes de *striptease* al salir del trabajo, y él notó el impacto indirecto que eso tenía en la manera en que se trataba a las mujeres en la oficina. En lugar de prohibirles que fueran o de mostrarse crítico y combativo, Roger operó el cambio en sí mismo y les hizo saber que ya no participaría en esas salidas a los clubes. Empezó a proponer otro tipo de entretenimiento al salir del trabajo, algo que no involucrara situaciones en que se tratara a las mujeres como objetos. Al cambiar él mismo y la forma en que guiaba a otros, Roger produjo una reacción en cadena en la empresa, la cual empezó a promover que más mujeres ocuparan puestos tradicionalmente reservados para los hombres.

Para mí era obvio que JT no cambiaría nunca. Si yo quería cambiar, tendría que hacer algo además de seguir permitiendo que me humillara. Tenía que encontrar la manera de cambiar yo, y de hacerle frente a la vez sin recurrir al peleador callejero que habitaba en mi interior. Roger señaló que había razones para que despidieran a JT, pero si yo echaba a andar las cosas para que eso sucediera, otros tratarían de hacerme caer con la misma fuerza.

—Podrías arreglar el problema tú mismo. Puedes exigir que te ofrezca una disculpa. Puedes ir a Recursos Humanos y solicitarles que intervengan para que se disculpe, pero en ese caso la solicitud vendría de ti —me sugirió Roger.

Nunca había ido al departamento de Recursos Humanos para quejarme de alguien, tan solo eso sería un gran avance para mí. No lo había hecho porque, insisto, en el lugar de donde vengo, acusar a alguien con las autoridades es considerado un signo de debilidad, pero esta actitud no es correcta. Se supone que en los departamentos de Recursos Humanos las quejas son confidenciales y los conflictos se manejan de una forma discreta y con base en un procedimiento. A veces eso es lo que necesitas. En mi caso funcionó, pero necesité modificar mi actitud para poder solicitar que intervinieran.

Viéndolo en retrospectiva, me doy cuenta de que pude interponer una queja, incluso demandarlo, pero eso no coincidía con mis valores. Por eso, cuando reporté en Recursos Humanos a JT, dejé claro que no quería que lo despidieran, solo quería que se disculpara para asegurarme de que no me volviera a insultar a mí ni a nadie más. La empresa lo trajo en avión de California, lo instaló en un hotel y le permitió que se disculpara sin entusiasmo en persona, pero sin que otros estuvieran presentes como me habría gustado que fuera para que lo escucharan. Dicho lo anterior, JT y yo no volvimos a tener problemas. Por lo que sé, en general a las demás personas se oponía menos.

Si Roger hubiera despedido a JT con una llamada telefónica o si yo hubiera iniciado una queja legal a través del departamento de Recursos Humanos, yo habría tenido la breve oportunidad de verlo recibir un castigo, pero no habría podido quedarme en la empresa mucho tiempo más. Aunque JT se comportó de manera incorrecta, a mí me habrían culpado más y, al final, habría salido perdiendo.

Por todo esto, en resumen, a veces tienes que perder una batalla para ganar la guerra. Una vez que rompí la cadena de mando e ingresé al mundo corporativo estadounidense como conserje, gerente de producción, gerente de desarrollo comunitario, ejecutivo y, con el tiempo, vicepresidente de PepsiCo, muchos de los venenos sistémicos dejarían de ser tolerados poco después. Esa fue mi manera de ganar.

Los JT del mundo están aquí para enseñarnos una lección, para que elijamos no ser como ellos y para que no puedan detenernos en el camino a nuestro destino. Siempre que sea posible, apreciemos a los JT y sintámonos felices de no ser ellos.

Otra de las lecciones que aprendí fue que, en realidad, no toda la gente quiere robarte tu destino: puede haber otras motivaciones en juego.

※

CADA VEZ QUE PRESENTABA UNA IDEA NUEVA, ESTABA MUY CONSCIENTE DE QUE LA PRIMERA PERSONA a la que escucharía quejándose a gritos con su acento escocés sería el doctor H.

Me sentía muy seguro de seguir trabajando como hasta ese momento porque el doctor H. no podía despedirme. Quien realmente podía hacerlo era el vicepresidente senior de operaciones, porque yo trabajaba bajo su jurisdicción. Pero, el vicepresidente y yo no teníamos problemas, nos llevamos bien desde que nos conocimos. Tiempo después me enteré de que había decidido retirarse y... adivina quién lo reemplazaría.

Si dijiste "El doctor H", adivinaste. Decidí evitarlo, lo cual no me parecía difícil porque yo estaba en California y él en Texas. Sin embargo, un día vi anunciado en nuestro calendario que nos visitaría. Nunca había venido, no había una verdadera razón para que lo hiciera, pero ahora quería viajar y visitar la planta de Rancho Cucamonga.

Un día antes de que el doctor H. llegara, mi supervisor se acercó a mí.

—Richard, tenemos unos pases para ir al cine que queremos darte. Son para mañana. Tómate el día. Ve al cine.

—¿Por qué? —pregunté. Nunca me habían ofrecido un día libre ni boletos para el cine. Algo no olía bien.

—Bueno... —mi supervisor vaciló, pero al final me dijo que el doctor H. vendría a la planta— y no queremos que lo molestes.

—No, gracias. No voy a tomarme un día libre. Tengo que trabajar —respondí claramente.

Eso dio fin a la discusión. Al día siguiente, el doctor H. vino, yo estreché su mano y le di la bienvenida a nuestra planta. No hubo drama ni sermones. Todo mundo se veía aliviado.

Unos dos meses después me invitaron a asistir a una conferencia y un rally de ventas de Frito-Lay que duraría una semana y se llevaría a cabo en un hotel de Dallas. A los Cheetos Flamin' Hot les estaba yendo increíblemente bien, pero como yo no estaba involucrado ni en las ventas ni en la mercadotecnia de la marca, me resultaba extraño que me hubieran invitado. Nadie se explicaba por qué me incluyeron.

Viajar en avión con el gerente y el director de la planta me ponía nervioso. Cuando llegué, me pareció obvio que la persona a cargo de todo era el doctor H. Me pareció raro que algunos de los ejecutivos y ciertas personas de Investigación y Desarrollo que conocía me pidieran que me sentara al frente con ellos.

El doctor H. subió al escenario y se dirigió a los gerentes de ventas. Usó una presentación de PowerPoint para explicarles unas prácticas motivacionales y mantras que quería que ellos compartieran a su vez con sus equipos.

—Quiero que les digan que pueden hacer esto e ir más allá de los primeros éxitos. Sus equipos pueden hacer esto, pero hay una cosa que deberán prohibirles. No quiero que ni ustedes ni ningún integrante de sus equipos creen productos nuevos.

En cuanto dijo eso, sentí que el estómago se me tensaba. ¿Me habían llevado hasta allá para regañarme en medio de aquel enorme rally?

El doctor H. continuó hablando.

—Y la razón por la que no quiero que creen nuevos productos es porque no saben cómo hacerlo —dijo, prácticamente ya gritando.

El sudor empezó a correr por mi rostro. Sentía que mi cuerpo se iba a derretir sobre el asiento y caer hasta el suelo. Imaginé que había una sola persona en aquel salón a la que se estaba dirigiendo, ¡y era yo!

Sintiendo que me moría, miré a mi izquierda y vi a un joven ejecutivo del departamento de Mercadotecnia al que solía llamarle de vez en cuando para pedirle consejos. De pronto este joven se puso de pie y empezó a hablar con mucho ímpetu porque no tenía micrófono.

—Doctor, ¡no estoy de acuerdo con usted!

El escocés volteó con las fosas dilatadas y miró al joven ejecutivo de Mercadotecnia con desprecio.

—¿Y?

—¿Alguna vez ha oído hablar de un miembro del equipo llamado Richard Montañez? —contestó molesto el joven.

El doctor H. sacudió la cabeza casi riendo.

—Conozco a Richard. Y también leo los cientos de cartas que me envía Roger Enrico semanalmente. Claro que conozco a Richard Montañez. ¿Qué hay con eso? —exclamó el doctor H.

El joven ejecutivo continuó gritando a todo pulmón.

—Entonces sabe que inventó un producto nuevo. ¿Qué me dice de una idea así?

El doctor H asintió, se encogió de hombros, volteó y me fulminó con la mirada. Luego giró hacia la pantalla que tenía detrás de él, y esta se encendió de repente. Entonces apareció una gráfica que mostraba una bolsa de Cheetos Flamin' Hot. Cuando apareció la siguiente diapositiva con las cifras más recientes de los ingresos que se estaban generando en todo el país, entre las filas se escuchó un resoplido de sorpresa. ¡Eran cifras épicas!

Yo estaba tan sorprendido que me tomó un momento comprender que el doctor H. había planeado todo esto como una manera de ofrecerme una sentida disculpa. Entonces dijo que se había equivocado, que estaba agradecido de que yo no lo hubiera escuchado, y que también deseaba agradecerles a todas las personas a las que les pidió que *no* me ayudaran, por tampoco haberle prestado atención del todo.

Todos empezaron a llorar. La gente sacó sus pañuelos para enjugarse las lágrimas. Por si fuera poco, el doctor H. había creado un premio en mi honor y lo llamó Kick Ass Award porque, como dijo en su muy escocés video: "Pateaste un trasero gigante".

Los más de mil asistentes se rieron y empezaron a vitorear al mismo tiempo.

Antes de que yo subiera al escenario para aceptar el premio, el doctor H. se quitó el saco y mostró su radiante camiseta de Cheetos Flamin' Hot. Tuvo que hablar un poco más para explicar la historia a quienes no la conocían.

—Emití un juicio incorrecto y traté de desanimar a Richard, pero afortunadamente no tuve éxito. Él nos enseño todo lo que es posible —dijo.

La gente empezó a llorar audiblemente, y él apenas podía contenerse. Yo estaba abrumado. El doctor H. les pidió al jefe principal de Mercadotecnia y al presidente de Ventas que subieran al escenario.

—¿Podrían subir un momento? Necesito que me sostengan —dijo, mostrando una humildad que yo jamás habría podido imaginar—. Richard Montañez, ven al escenario.

Subí lentamente. Habían pasado siete años desde el día que hice mi presentación en la planta para Roger Enrico pero, una vez más, todo se movía en cámara lenta. Los mil asistentes se pusieron de pie, todos lloraron y aplaudieron cuando me acerqué a recibir el premio. El doctor H. me pasó el micrófono y yo le agradecí a él y a todos los presentes. Fue un momento surrealista, aleccionador y maravilloso.

Algunos años después, en la fiesta de jubilación del doctor H., después de que colaboráramos en otros creativos productos y campañas de mercadotecnia —incluyendo un concurso para que los empleados presentaran ideas nuevas—, tuve una breve pero memorable conversación con él. Me dio un fuerte abrazo de oso y me susurró al oído:

—Eres un ángel; llegaste a mi vida cuando necesitaba cambiar. Gracias.

Y ahí me di cuenta de que cambiar a alguien es más o menos lo mismo que influir en él o ella. Además, no tienes que cambiar a todas las personas, solo a las correctas.

Aunque yo soy el primero en decir que deberías prestar atención a las banderas rojas de los competidores que quieren que fracases, la razón por la que debes mantenerte tranquilo y no cederles tu energía, es porque eso te impide jugar tu juego, te impide ser la mejor versión de ti mismo que siempre debiste ser.

Aquí hay dos estrategias que pueden ayudar: (1) Recuerda que la mejor venganza es el éxito. Entre más odien ellos y entre más florezcas tú, menos podrán hacerte caer. (2) Perdónalos. Eso es lo que me transmitieron mis enseñanzas espirituales. No hay nada tan poderoso como desearle —desde tu corazón y tu espíritu— bien a alguien que ha sido desagradable contigo.

Con el temperamento que tengo no podría decir que siempre me ha sido sencillo, pero ¿conoces la frase "no dejes que nadie viva en tu mente sin pagar renta"? La gente a la que no le interesa auténticamente tu bienestar, no merece que sufras por ella ni un minuto.

Tal vez diste por hecho que en cuanto la popularidad de los Cheetos Flamin' Hot se disparó, bastaron un par de saltitos para que yo llegara al Consejo Directivo. Pero no fue así exactamente. Sí, el escenario ya estaba preparado, pero yo todavía no había encontrado la manera de aprender mi parlamento.

9

Por qué importan las palabras y otras lecciones sobre liderazgo

espués de "Richard, ¿cómo puedo tener un ardiente logro personal?", la segunda pregunta que más me hacen es: "Richard, ¿cómo se convierte uno en líder?".

La pregunta crucial para mucha de la gente que ha ascendido de un puesto de ingreso a un puesto de mayor responsabilidad, o incluso, a tener su propio negocio, es: "¿Cómo presionarme a mí mismo para llegar a las grandes ligas y dar el salto que me volverá de verdad ardiente?". Yo diría que todos tenemos estilos de liderazgo diferentes y que depende de nosotros elegir el que nos permita causar más impacto.

Todos los seres humanos tenemos la capacidad de liderar. Aunque nadie nació siendo líder, todos nacemos para liderar algo, a alguien o a muchas personas. Por otra parte, el título no es lo que hace a la persona, más bien, la persona es la que hace al título. Por eso, no importa en qué parte del tótem te encuentres; no importa si estás desempleado, si trabajas por tu cuenta o si estás contratado por una empresa o una institución: el liderazgo se activa cuando te involucras en el éxito de los otros tanto como en el tuyo.

Si acaso estás pensando: *Mmm, ¿qué puedo ofrecer como líder para añadir valor al éxito de los otros?*, debes saber que muchos nos preguntamos esto a pesar de que la respuesta está justamente frente a nosotros.

Todos tenemos la capacidad de usar nuestra voz de manera significativa.

🔥

COMIENZA CON EL PODER DE TU VOZ. DE TODAS LAS CUALIDADES necesarias para el liderazgo, considero que la más importante es la comunicación. Llámala Lección de liderazgo número uno: la necesidad de comunicar de una forma poderosa. Por eso me enamoré de las etimologías. El proceso de investigar las palabras es como abrir el cofre del tesoro de la historia, los idiomas, la cultura y la antropología.

A menos de que te sientas cómodo jugando con el lenguaje, no tienes por qué usar el tipo de palabras que se escuchan en las universidades de la Ivy League, las palabras del argot de moda, ni eslóganes atractivos. Lo que importa es que controles tu voz y tus creencias eligiendo las palabras que te ayuden a describirles a otros quién eres y cuál es tu visión, para que se sientan inspirados a su vez. Las palabras pueden ayudarte a organizar tus reflexiones creativas para convertirlas en información susceptible de ser compartida. Las palabras son mensajeros cautelosos que van al cerebro y nos ayudan a convertir nuestras revelaciones en realidad a través del discurso.

Por ejemplo, si eres una persona que tiene grandes ideas pero a menudo dices: "Nunca puedo aprovechar una oportunidad" o "No tengo contactos importantes", tus células escucharán e imprimirán ese lenguaje de "Nunca puedo" o "No tengo" en tu psique. Las oportunidades que podrías estar creando para ti mismo se desvanecen cuando las haces desaparecer a través de tus palabras. Las oportunidades y la prosperidad flotan y permanecen alrededor de la gente que sabe cómo invocarlas.

En el período previo a mi gran revelación de ponerle chile a los Cheetos, solía hablar en voz alta y declarar que mi revelación estaba en camino, que se encontraba en la esquina, pero que aún no estaba a mi alcance. Antes de que se presentara la *Gran Revelación*, tuve otras más modestas. Pero incluso entonces me dije con tanta confianza a mí mismo que *eso* estaba a punto de suceder, que *sucedió*. Este tipo de conversación con uno mismo es una habilidad que se aprende, cualquiera puede hacerlo. De manera similar, cuando eres un líder que quiere empoderar a otros, el lenguaje del éxito inminente le inyectará una gran cantidad de energía al equipo. Les dices a otros que esperas algo bueno de ellos y luego brindas las palabras para que se hablen a sí mismos de la misma manera.

De acuerdo con mi experiencia, hay una relación directa entre la pobreza y el analfabetismo. También he descubierto que la manera más rápida de aumentar tu prosperidad es volviéndote más culto. Los líderes más exitosos y prósperos que he conocido son gente que aprende a lo largo de toda su vida, que escucha con atención y que sabe narrar historias de una forma excepcional. Se mantienen en forma a través de lecturas, observando la naturaleza, escuchando a gente de distintos orígenes y siendo temerarios en su curiosidad.

Cuando superé mi miedo a hacer el ridículo, se me facilitó mucho más preguntarle a la gente lo que significaba una palabra o una expresión. Eso, a su vez, desencadenó en mí el deseo de aprender más, y así fue como desarrollé mi pasión por las etimologías. La historia de las palabras, sus significados y sus derivaciones son el reflejo de nuestro viaje como seres humanos. A medida que mejoré mi vocabulario y me sentí más cómodo usándolo, me fue más fácil conversar con personas que venían de entornos que deberían de haberme intimidado, pero no lo hicieron.

Algo que empecé a notar en una etapa temprana fue cómo algunas palabras —sobre todo insultos y otros tipos de expresiones del lenguaje despreciativo— podían convertirse en detonantes de conflictos. Cuando era más joven, la gente a veces decía cosas contra las que yo era el primero en reaccionar diciendo: "¡Esas son palabras de pelea!". Tiempo después, cuando empecé a ahondar en la evolución de las palabras, me inquietó descubrir que las visiones peyorativas de otros estaban enraizadas en ciertos usos de un lenguaje incluso técnico.

Cuando se actualizaron los manuales de entrenamiento de Frito-Lay, a mediados de los ochenta, surgió un problema relacionado con este aspecto del lenguaje. Recuerdo que tuve una conversación al respecto con un grupo de nuestros ingenieros más importantes del país, grupo al que me invitaron a unirme debido al conocimiento que tenía sobre todo el equipo que podía manejar y reparar. Eran ingenieros altamente calificados y con educación universitaria; casi todos eran blancos y mayores de cuarenta años. Yo, en cambio, tenía veintitantos, era latino, no contaba con capacitación formal en ingeniería y la mayor parte de mi conocimiento técnico lo había recibido de mi padre, el hombre que podía repararlo todo. Al llegar en el manual a un capítulo en el que se aplicaba terminología relacionada con la noción amo-esclavo, mencioné que no estaba de acuerdo en seguirlo usando. A pesar de sus implicaciones peyorativas, algunos aspectos de estos términos continúan en uso en muchos tipos de maquinaria e incluso en la tecnología digital. En resumen, al aparato que controla a un grupo de otros aparatos se le conoce como *master* en inglés, que significa *amo*. En consecuencia, a los aparatos controlados se les llama *esclavos*. El término *master-slave* continúa usándose en el ámbito tecnológico. En un artículo de la revista *Wired* se señala: "Las palabras *master* y *slave* han sido ampliamente usadas durante décadas en la informática y en otros contextos técnicos como referencia a situaciones en las que un proceso o entidad controla a otro. A veces, la metáfora es menos precisa: El *master* solamente guía, sirve como una fuente primaria o es considerado en primer lugar".[12]

La terminología en la producción masiva me había ofendido personalmente durante años, pero también les molestaba a otros miembros de mi equipo, por eso me pareció que alguien debía decir algo al respecto. Estábamos listos para seguir trabajando, pero interrumpí rápidamente:

—Necesitamos eliminar todo esto. No podemos hablar de amos y esclavos.

Todos los presentes comenzaron a argumentar de inmediato.

---

[12] Landau, E., "Tech Confronts Its Use of the Labels 'Master' and 'Slave'", *Wired*. www.wired.com/story/tech-confronts-use-lavels-master-slave. 6 de julio de 2020.

—Es un término perfecto, lo hemos enseñado durante años, es parte de nuestro ADN —dijo uno de ellos.

—Ese es el problema —respondí sin miramientos—. Es un ADN negativo, llegó la hora de cambiarlo. Este término es ofensivo para mucha gente —agregué. (Más adelante, le expliqué mi posición a una de las pocas gerentes que había, una mujer que con frecuencia me apoyaba, y ella estuvo de acuerdo conmigo.)

Los ingenieros y yo continuamos discutiendo porque a ellos les parecía que no había nada de malo en el término. De hecho, en aquel tiempo, los empleados internacionales se referían oficialmente a las plantas como *plantaciones*, otro término que evoca la esclavitud.

Estos ingenieros eran muy competentes en el aspecto técnico y tenían una gran capacidad intelectual, sin embargo, no estaban acostumbrados a que otros cuestionaran sus costumbres y su lenguaje. Les expliqué con delicadeza que nosotros teníamos una fuerza laboral diversa, y que la diversidad comenzaba con la creación de un ADN con el que todos pudieran identificarse.

Fue un logro personal para mí, defender mi posición frente a los individuos más brillantes del lugar, no sentirme intimidado y lograr que sopesaran mi argumento. Ellos cedieron y estuvieron de acuerdo en cambiar la terminología. Un poco a regañadientes, incluso admitieron que el cambio debía haberse hecho mucho antes.

Si eres el tipo de persona que desearía haber expresado algo en una ocasión, o si te gustaría usar tu voz aún más, espero que te resulte útil que yo recuerde algunas de las lecciones de liderazgo que aprendí respecto a expresar una opinión de manera fuerte y clara. A mí me tomó mucho tiempo entender que, a menudo, las palabras más poderosas que podía proferir en un momento en particular no eran respecto a mí, sino respecto a algo importante que necesitaba ser mencionado.

A veces surgirán desafíos que te sentirás obligado a abordar como líder, y en esos casos, las palabras que más necesites estarán ahí para que las uses. La prueba de liderazgo será tener confianza en momentos como esos, la clave consiste en estar listo, conocer tu parlamento y prepararte para el instante en que reconozcas que llegó el momento de actuar: *¡Ah, el escenario está listo y esa es la señal para mi entrada!* A veces estás preparado y sabes lo que necesitarás decir, y otras veces, no.

🔥

TAL VEZ NO SEPAS ESTO AÚN, PERO EL EJEMPLO DE TU ÉXITO PUEDE SER la mayor bendición para todos los demás. A mí me tomó algún tiempo reconocer esta Lección de liderazgo número dos, que muchos describen simplemente como "predicar con el ejemplo". Los líderes que muestran el camino solo te enseñan cuán lejos han llegado para que tú puedas hacerlo también.

Cuando la década de los noventa estaba a punto de terminar, yo pensaba con mucha frecuencia en este aspecto del liderazgo. Después de más de veinte años en Frito-Lay, empecé a sentirme inquieto y a pensar en dejar la empresa. Aunque me habían ascendido un par de veces, no me habían ofrecido el incremento de salario correspondiente a un gerente de nivel superior ni las prestaciones que iban con el puesto. Si lo que quería era mostrarles a otros lo que era posible, tal vez había llegado el momento de ir a otro lugar donde la compensación fuera equitativa.

Judy se sentía incluso más frustrada que yo. Cada vez que mencionaba la analogía de escalar las rocas de la montaña, ella me decía que veía los retos de manera distinta. En su opinión, cada vez que yo había vencido todos los gritos de "¡No!" y "¿Quién te crees que eres?", me recompensaban llevándome al mar en un bote, lanzándome al agua y dejándome ahí para que decidiera si quería ahogarme o nadar como perrito en el tormentoso océano hasta llegar de vuelta a la playa. Judy me decía: "Richard, sigues encontrando la manera de regresar a la orilla y cumplir con el trabajo, pero en cuanto estás ahí, te vuelven a subir al bote y te lanzan al agua incluso más lejos que la vez anterior. Y tú sigues nadando como perrito para volver. Les sigues demostrando que puedes soportarlo, pero la situación se está volviendo extenuante".

La idea de ir a otra corporación no me atraía, pero no podía descartar esa posibilidad. Irónicamente, una de las empresas en las que había tratado de conseguir empleo antes de ir a Frito-Lay fue en la archirrival de Pepsi: Coca-Cola. Me rechazaron con el argumento de que no creían que yo pudiera aprender a operar su tecnología.

Más de veinte años después de eso, me enteré de que muchos directores ejecutivos se preguntaban: "¿Dónde está mi conserje? ¿Dónde están mis ideas para evitar el desperdicio? ¿Y los manuales de capacitación? ¿Dónde están mis Cheetos Flamin' Hot?". Encontrar un nuevo puesto no sería tan difícil, pero como yo era muy necio, sentía que, por alguna razón, el hecho de que me arrojaran del bote al mar hacía que me dieran ganas de luchar, de nadar con más ahínco y de probarme a mí mismo aún más.

Tal vez debí quejarme. Después del asombroso reconocimiento que me otorgó el doctor H., esperaba recibir un ascenso, pero no me lo dieron. En ese momento debí usar mi voz para defenderme, pero no lo hice. Fue mi error, en especial porque la persona que obviamente me habría escuchado, y con cuya atención contaba, era Steve Reinemund.

Después de que Roger Enrico tomó las riendas de PepsiCo como director ejecutivo cuando Wayne Calloway dejó el puesto, trajo a Steve para que dirigiera Frito-Lay (y para que más adelante, para sorpresa de muchos, fuera su reemplazo como director ejecutivo de PepsiCo). Roger había tratado de fortalecer a PepsiCo con varias medidas como impulsar las adquisiciones de restaurantes que se habían hecho anteriormente, optimizar el trabajo en las distintas divisiones y fomentar más cohesión entre botanas, bebidas y restaurantes. Steve Reinemund había sido oficial de la Marina y contaba con una energía abrumadora. Llegó a Frito-Lay después de dirigir exitosamente Pizza Hut y contando con toda la confianza de Roger Enrico, quien en alguna ocasión dijo: "Steve es el director de negocios más eficiente que conozco".

Si me hubiera dirigido a Steve, me habría enterado de que hubo una oferta de ascenso a un puesto gerencial con aumento de sueldo, mejores prestaciones y oportunidades de avance. Tiempo después supe que el director regional al que le correspondía ofrecerme esta oportunidad nunca lo hizo. Ese director me vino a ver en el trabajo y me preguntó si estaba contento, ya que le habían pedido que se asegurara de que lo estuviera. Yo respondí "Sí, estoy contento. Estoy bien". Pero no sabía que eso le daría el pretexto para que la oferta se quedara en su maletín.

Esta parte de la historia nunca le llegó a Steve Reinemund, quien solo dio por hecho que yo estaba satisfecho y que me estaban compensando adecuadamente. Como yo no sabía que había habido una oferta disponible, pero que nunca me la ofrecieron, la idea de dejar la nave nodriza me resultó más natural. Si me iba, lo haría sin arrepentimiento porque, gracias al acceso que tuve a todos los ejecutivos de la corporación, durante años me beneficié de una capacitación no convencional en liderazgo ejecutivo. Cada vez que quise discutir un proyecto o una innovación, me escuchaban algunos de los líderes más inteligentes del mundo de los negocios, incluyendo todos aquellos que fueron directores ejecutivos de PepsiCo durante mi estancia en la empresa. Eso comenzó cuando le envié cartas e ideas a Don Kendall, nuestro fundador, quien fue presidente de la empresa de 1971 a 1986, y a Wayne Calloway, director ejecutivo de 1986 a 1995. También tuve una relación cercana con Al Carey, quien fue presidente/director ejecutivo de Frito Lay, y con mi gran mentor, Roger Enrico, director ejecutivo de PepsiCo de 1995 a 2001. Durante esos años tuve acceso directo a Roger, quien incluso me entregó el Premio del Presidente, el cual se otorga una vez al año y solamente a un empleado de toda la corporación PepsiCo para reconocer que su contribución, liderazgo y ética laboral han tenido un impacto importante en toda la empresa. Tiempo después, en 2001, esto volvió a suceder cuando Roger se fue y empecé a reportarle a Steve Reinemund. Tanto Steve como su sucesora, Indra Nooyi —quien se hizo cargo de PepsiCo a partir de 2006—, me otorgaron este premio. De hecho, Indra permaneció en su puesto durante todo el tiempo que yo seguí trabajando en la empresa. Todos estos visionarios me revelaron espléndidas facetas del liderazgo. Tanto, que podría escribir un libro sobre cada uno de ellos y las contribuciones que hicieron a mi viaje hacia el liderazgo.

Cada uno de estos líderes ejemplificó de manera personal su aprecio por el hecho de que las innovaciones y las soluciones capaces de fortalecer más a una empresa vinieran de los empleados de los niveles inferiores, incluso de los que acababan de ingresar y de los que trabajaban en la primera línea. No todos los negocios o empresas tienen esta filosofía, pero los que la han adoptado son los más perdurables. Uno de los ejemplos más famosos de liderazgo en la resolución de problemas se presentó en las primeras líneas de Sony. Antes de la llegada del iPod y de iTunes, hubo un tiempo en que los aparatos personales de reproducción musical Sony Walkman dominaron la industria. No obstante, Sony perdió el barco cuando todo empezó a pasar del formato de casete al de los CD, y luego a los archivos descargables de música en Internet. Apple llegó primero a esa frontera y dejó a Sony en la calle.

De la noche a la mañana, Sony cayó en picada y, de hecho, habría colapsado de forma permanente de no ser por los líderes que valoraron el intercambio de información y opiniones entre las distintas divisiones. Resulta que un trabajador de primera línea había desarrollado un juego y sugirió innovar un sistema que se convertiría en el PlayStation. Actualmente, el PlayStation de Sony está en su quinta edición y el sector de los juegos es uno de los mayores contribuyentes de la buena fortuna de esta empresa.

Yo tenía la suerte de haber trabajado para directores ejecutivos que pusieron un ejemplo de humildad al compartir su creencia de que los líderes pueden venir de los niveles superiores o de los inferiores. Gracias a esta iluminada manera de abordar las situaciones, tuve la bendición de poder desarrollar mi propia manera de abordar el liderazgo, con sistemas implementados en plantas de fabricación y cadenas de venta al menudeo en este país y en todo el mundo, lo cual más adelante me abrió el acceso a las salas de conferencias de los programas más importantes de maestrías en administración de negocios.

Gracias a mi colaboración con Roger Enrico, cuyo objetivo era empoderarnos como empleados en todos los niveles, pude crear un modelo que nos permitiría recordarle al mando gerencial nuestro valor para la corporación. Este modelo tenía una métrica que podríamos usar para cuantificar la contribución individual de los empleados. Por ejemplo, empecé a llevar un registro diario de cuánto dinero le había ahorrado o generado a la empresa. Lo que quería era ser capaz de mostrar que si ese día yo había ganado trescientos dólares, mis horas laboradas habían generado producto que sería valorado y vendido por esa misma cantidad u otra mayor. Mi productividad estaría ayudando a favorecer el balance de la empresa, no a perjudicarlo.

El objetivo de mi fórmula era darnos, a mí y a mis compañeros de trabajo, una noción de nuestro valor en dólares y centavos. Cuando llegaba el momento de conseguir un aumento y prestaciones adicionales, el sindicato establecía esos términos, lo cual estaba bien, pero si realmente queríamos empoderar a los empleados me parecía que de todas formas debíamos comunicar el hecho de que las ganancias y el crecimiento en general eran producto de las contribuciones de cada uno de ellos.

Lo malo de este empoderamiento era el desafío y la responsabilidad que tendrían los líderes iluminados de motivar a los empleados a largo plazo. Al hacer un análisis llegué a la conclusión de que había básicamente dos tipos de líderes: los faraones y los libertadores. Un faraón, como ya sabemos gracias a la historia y las Escrituras, es alguien que toma prisioneros, los mantiene por la fuerza y exige que le sirvan primero. Bajo el mando de un faraón, quienes sirven no tienen oportunidad de progresar y crecer. Un faraón es uno de esos individuos autoritarios que capturan gente para que construya todo a su imagen. Todo luce como ellos y todo se trata de ellos.

Un libertador, en cambio, es alguien que lleva un mensaje de libertad y crecimiento a todas las personas que lo escuchan, que se comunica con palabras que estimulan y que tiene una estrategia que consiste en servir a los otros primero. Los libertadores les ayudan a las personas a romper las ataduras y las cadenas que las mantienen prisioneras. Los libertadores no se sienten amenazados por la diversidad ni la individualidad, y están más interesados en los otros que en sí mismos.

Muchos sabemos que Moisés fue el libertador original, quien le exigió al faraón: "¡Deja ir a mi gente!". Sus palabras hicieron lo que deben hacer las de todo gran líder: garantizaron la libertad de su gente para que fuera hacia el lugar donde debía estar. Actualmente, este mensaje les recuerda a los directores ejecutivos que deben permitir que los trabajadores de primera línea sean quienes guíen; les recuerda a los ministros que deben permitir que la congregación los dirija; y les dice a nuestros legisladores que sigan la guía de sus constituyentes y que permitan que sus votos sean lo que guíe.

Cuando habló con el faraón, Moisés tuvo que ser cuidadoso y directo con sus palabras. Mucha gente no lo sabe, pero en realidad, tenía un impedimento para hablar. Muchos han interpretado las referencias y creen que esto significa que tartamudeaba, otros han sugerido que tenía una discapacidad física que le dificultaba formar palabras. La Biblia nos dice que cuando Dios eligió a Moisés para que fuera el libertador, este contesta diciendo que tal vez él no es la persona correcta. Esto es lo que nos dice Éxodo 4:10:

> Pero Moisés le dijo al Señor, Oh, mi Señor, nunca he sido hombre de fácil palabra, ni antes, ni desde que tú hablas a tu siervo: porque soy tardo en el habla y torpe de lengua.

Esto evidentemente no hizo cambiar de opinión al Señor, quien le sugirió a Moisés no preocuparse, ya que él lo proveería de las palabras idóneas cuando llegara el momento de usarlas, empezando por "Deja ir a mi gente".

Al compartir contigo mis teorías sobre el liderazgo, doy por hecho que en los encuentros que has tenido en la vida y el trabajo has conocido faraones, pero con suerte, también libertadores. Espero que elijas el camino del libertador y que trates de liberar a otros para que puedan dirigirse hacia la vida que se supone que deben tener. Cuando lo hagas, confía en el modelo de Moisés y piensa que recibirás las palabras correctas en el momento preciso.

El trabajo de Moisés como líder y motivador no fue sencillo porque tuvo que convencer a todos de que lo siguieran y atravesaran el desierto con él.

Cuando las palabras no llegan con facilidad, Moisés te enseña que debes confiar en tu espíritu optimista y en tu capacidad para imbuirles energía a tus escuchas e incluso electrizarlos. La corriente eléctrica también puede encender tu imaginación y añadirles a las palabras que uses un valor adicional. Cuando decides hacerlo, realmente puedes convertirte en un conductor eléctrico de optimismo.

Un libertador es un líder que electriza a sus seguidores y les hace saber cuáles son sus capacidades. Como se explica en la siguiente definición, la palabra *electrizar* se puede referirse a una presentación o a un discurso:

> Cargar de energía, equipar, usar la corriente eléctrica, suministrar energía, amplificar... emocionar de manera intensa o repentina... Sinónimos: cargar, emocionar, entusiasmar, dar vida, intoxicar, animar, excitar, despertar el interés, activar.[13]

Si la idea de que tienes la capacidad de guiar y electrizar a otros te parece ridícula, no olvidemos dónde comenzó nuestra conversación sobre *ti* y sobre cuán ardiente puedes ser. Así como yo tuve que hacerlo, confía en que cuando necesites las palabras adecuadas, estas vendrán a ti.

COMO LÍDER COMPROMETIDO CON HACER LO CORRECTO, PARA DEFENDER algo a veces tienes que poner tu reputación en riesgo. A esto le podemos llamar Lección de liderazgo número tres: actuar con el valor de tus convicciones. Yo comprendí la realidad de esta lección gracias a una experiencia memorable que tuve tras recibir una invitación sin precedentes por parte de Roger Enrico para asistir a la reunión anual de accionistas en Dallas,

---

[13] Merriam-Webster.com Dictionary, s.v., "electrify", www.merriam-webster.com/dictionary/electrify (Diccionario en línea consultable en inglés exclusivamente).

la cual usualmente no se llevaba a cabo ahí. Eso fue en la época en que estaba considerando dejar la empresa y, para ser franco, no me moría de ganas de ir. Sin embargo, Roger usualmente tenía una razón para hacer las cosas y, al llegar al lugar, me enteré de que quería incluirme en una cena para presentarme a algunos de los miembros del Consejo Directivo que más adelante llegarían a ser amigos míos, y para que asistiera a una de sus reuniones.

Pensé que, quizá, era su manera de ponerme en contacto con todas las facetas del gobierno corporativo. Para ser honesto, el día de la reunión, algunos de los procedimientos habituales me parecieron algo aburridos, pero resulta que Roger quería hacerme un reconocimiento especial con los miembros del Consejo presentes. Cuando llegó el momento, me sorprendí.

—Richard Montañez, ponte de pie por favor —dijo. Luego me presentó como el "vicepresidente de todo" y los demás aplaudieron vigorosamente—. Lo llamo vicepresidente porque piensa como uno —añadió.

A continuación, Roger me elogió por personificar la marca Frito-Lay/PepsiCo y por muchos logros que eran ejemplo del liderazgo desde la primera línea.

Este gesto de su parte significó mucho para mí. Cuando terminaron las presentaciones y las votaciones, me pareció interesante ver las largas filas de accionistas que habían viajado desde lejos para dirigirse al Consejo Directivo y hacer sus preguntas y solicitudes para el siguiente año.

Había un grupo de monjas que estaban extremadamente satisfechas con sus inversiones —poseían más de cien mil acciones para su retiro— y solo querían asegurarse de que su dinero continuaría creciendo al mismo paso en la próxima década. En realidad no tenían preguntas, así que solo se les agradeció y se les pidió que siguieran avanzando. Esta experiencia fue iluminadora respecto a lo atentos que deben ser los miembros del Consejo Directivo y los ejecutivos de alto nivel con los accionistas. Luego, al final, un abogado del Sindicato de camioneros que invertía en acciones de PepsiCo se acercó al micrófono. Dijo que no estaba ahí como representante de los camioneros, sino de todos los accionistas, y luego habló de su problema dirigiéndose a Roger:

—Estamos conscientes de que el año pasado donaron su salario de casi un millón de dólares a un fondo de becas para los hijos de los trabajadores de primera línea, pero lo que me gustaría saber es qué piensan hacer con el resto de su paquete de compensaciones. No nos han dicho cuáles son sus planes para sus opciones de acciones ni para sus bonos anuales, los cuales ascienden a más de un millón de dólares...

El tono del joven abogado se tornó hostil. Roger escuchó y se puso los lentes para leer mejor sus expresiones. Yo no estaba seguro de adónde iban las cosas, pero sentí que ese hombre tenía mucho de qué quejarse. Continuó diciendo que los directores ejecutivos como Roger se estaban aprovechando de los trabajadores estadounidenses. Eso me enfureció porque, al donar su salario anual para las familias de sus trabajadores —dinero salido de su propio bolsillo— Roger Enrico era como un héroe capaz de influir en otros directores ejecutivos para atender la inequidad en el ingreso en los distintos niveles del negocio.

Además, acababan de atacar salvajemente a mi mentor. Lo que se dijo, ¡no era cierto! Yo tenía la mandíbula tensa. En ese momento, Roger Enrico, quien alguna vez tuvo la ambición de ser actor y que, como ya lo había yo visto en varias ocasiones, tenía la capacidad de electrizar a una sala llena de gente, aclaró su garganta. Entonces habló, pero apenas por encima del volumen normal de su voz.

—Lo que usted tiene, señor, no es ni una pregunta ni una solicitud, sino una opinión. Usted y yo podemos debatirla en cualquier otro momento porque no lo haremos hoy.

Era la manera clásica de Roger Enrico para dar fin a una discusión con una frase impactante. Sin embargo, había algo más que quedaba por decir, y yo tenía que hacerlo. Aunque lo hice de manera espontánea, sentí como si me hubiera preparado para decirlo toda mi vida.

No estoy seguro de cuánto tiempo me tomó levantarme para llegar al escenario, pero tuve que darle mi nombre a la secretaria a pesar de que ya me conocía. Me miró como preguntando: *¿Usted? ¿Usted va a hablar?* Cuando anunciaron mi nombre, Roger también levantó la mirada sorprendido.

Tomé el micrófono, saludé a todos, agradecí al director ejecutivo por el reconocimiento que me hizo poco antes y, tras agradecer a los accionistas, les dije que solo tomaría un minuto de su tiempo.

—Como ya se mencionó, me llamo Richard Montañez y soy del sur de California. Ahí trabajo en la planta de Frito-Lay como OME —dije, y luego me tomé un momento para explicar que un OME era operador de máquina empacadora. Para quienes no saben qué hace un OME, bueno, pues es el individuo que pone las frituras en la bolsa.

Todos se rieron y aplaudieron.

—¿Saben? —continué—. Para mí ha sido un privilegio hacer eso, envasar las frituras y ser empleado en esta planta desde hace veinte años. Sé que no a todos les impresiona lo que hago. Recuerdo que en una ocasión alguien hizo un comentario respecto a mi labor: "Bueno, no es ingeniería aeroespacial" —dije, y los presentes se quedaron en silencio. Entonces me dirigí a los accionistas: "Permítame contarle algo sobre la ingeniería aeroespacial" le dije a esa persona y luego le pregunté: "Usted sabe quién es Neil Armstrong, ¿no?". Él contestó que sabía, y yo agregué: "Bien, pues Neil Armstrong nunca ha podido poner una fritura en una bolsa".

La gente aullaba de emoción.

Esa fue la bienvenida que necesitaba para continuar.

—Damas y caballeros, no es el momento de deshacerse de sus acciones porque, se los digo desde la primera línea: estamos listos y tenemos por delante un año en el que estableceremos nuevos récords.

Resulta que, a través de bocinas, la reunión se estaba escuchando en todas partes de las oficinas centrales. Más de tres mil empleados oyeron que Neil Armstrong nunca había puesto frituras en una bolsa. Todos salieron corriendo de sus oficinas: la gente de los departamentos de Mercadotecnia, Ventas, Suministros, y también todos los empleados de Investigación y Desarrollo.

Todas las personas que no contaban con un título impresionante o un puesto de alto nivel, se sintieron empoderadas, incluso tal vez electrizadas. Y yo acababa de vivir un rito de iniciación como líder. El escenario estaba listo y las palabras llegaron a mí cuando las necesité. Creo que ese día muchos futuros libertadores encontraron su voz.

El secreto que me da gusto compartir contigo es que ese fue un momento de liderazgo en el que se debía hacer lo correcto y hablar en defensa de alguien más. No siempre es sencillo hacer lo que se debe, pero la primera vez que lo haces puede convertirse en un momento transformador. Cuando realmente necesites alzar tu voz y adoptar una posición basándote en el valor de tus convicciones, te sorprenderá descubrir que alguien te puede brindar el momento, las palabras, el poder electrizante y la oportunidad de expresarte. A veces, ese instante en que decides actuar con base en tus convicciones es el mismo en que te conviertes en un verdadero líder.

Llegué a la conclusión de que, pasara lo que pasara, había expresado mi gran aprecio y había llegado el momento de seguir adelante. Me dio la impresión de que mostrar mi gratitud en una plataforma pública de esa envergadura había equilibrado la balanza, por lo que acepté una oferta en una pequeña empresa manufacturera y me sentí ansioso por comenzar un nuevo capítulo. Porque después de todo, eso es lo que hacen los líderes.

Cuando le notifiqué a Steve Reinemund, me dijo que debía de haber un error.

—Pensamos que estabas feliz, ¿no lo estás? —me dijo. No tenía idea de que nunca me hicieron la oferta correspondiente.

Steve me pidió que no tomara una decisión respecto a aceptar un empleo en otro lugar hasta que él tuviera tiempo de hablar con Recursos Humanos y con otras personas que tal vez querrían intervenir para hacerme una contraoferta.

Finalmente, decidí no dejar la empresa. Sin mayor preámbulo, me ascendieron a gerente y crearon el puesto de gerente de desarrollo de negocios de la comunidad que, al menos en Frito-Lay, no existía antes. Luego me lanzaron de nuevo al mar para que averiguara solo cómo regresar a la playa.

Pero en serio, fue un gran regalo. Pude actuar como dueño más que nunca y no me enfrenté a demasiadas respuestas negativas. Y no solo eso. Al parecer, mi empleo me permitiría ayudar a mucha gente en la comunidad. Judy se sintió aliviada cuando regresé a casa y le di la noticia.

—¿Y qué hace un gerente de desarrollo de negocios de la comunidad? —me preguntó.

—No tengo idea —respondí. Pero lo pensé un poco más, y se me ocurrió decirle: Supongo que cualquier cosa que necesite hacerse.

Judy, comportándose siempre como la líder que es, solo me inspiró, me animó y me recordó:

—Ya tendrás una revelación.

♨

LA LECCIÓN DE LIDERAZGO NÚMERO CUATRO SE REFIERE A otro aspecto de este rubro que no recibe la atención que merece: trabajar por el bien mayor o, a lo que yo llamo, *servir como un enlace*. Cuando creas oportunidades que te benefician a ti, a tus compañeros de trabajo, a tu empresa y a otras empresas y grupos de gente, eres un enlace.

Servir como enlace ha sido una de las partes más satisfactorias de mi viaje hacia el liderazgo.

La mayoría de la gente parecía creer que mi papel como gerente de desarrollo implicaba solamente ponerle un rostro a los negocios locales de Frito-Lay y regalar dinero a las organizaciones e instituciones educativas necesitadas de la comunidad. Pero no era así en absoluto.

Eso es estrictamente una actividad filantrópica y se realiza desde una fundación sin fines de lucro que la mayoría de las empresas usa para mejorar su imagen corporativa.

Mi concepto de desarrollo de *negocios* de la comunidad consistía en propiciar asociaciones entre Frito-Lay, organizaciones de la comunidad y vendedores al menudeo locales y nacionales. Esto se desarrolló de una manera hasta cierto punto natural a partir de que asistí a una conferencia para líderes de OBC (organizaciones con base en la comunidad o CBO, por sus siglas en inglés) y conocí a algunos de los activistas sociales de las comunidades pobres latina y afroestadounidense. Sus organizaciones incluían programas educativos y de alfabetismo, capacitación para el empleo, trabajo para luchar contra la pobreza, bancos de alimentos, hospitales para niños y otras causas sociales. Frito-Lay ya había asignado mucho dinero a un programa en el estado de California, en Los Ángeles, con la idea de ofrecerles a los graduados del mismo, empleo en nuestras plantas y oficinas. Para dirigir eso me dieron una oficina que yo usaba medio tiempo en el campus. Sin embargo, mi modelo personal para hacer dinero para nuestro balance, no se estaba cumpliendo. Si yo gastaba cierta cantidad en mi salario y en ayudar a que el dinero circulara en las comunidades y entre los negocios en esos vecindarios, pero no generaba esa misma cantidad en ingresos, me estaba quedando corto.

Entonces pensé en que muchos de los empleados y vendedores al menudeo locales (tiendas que vendían nuestros productos) nunca asistieron a la universidad. Fue una revelación pura y sencilla. *¿Qué pasaría si...?*, me pregunté, *creáramos en el campus universitario una capacitación que les transmitiera las habilidades básicas de negocios? Digamos...*

un curso de ocho semanas que cubriera mercadotecnia, contabilidad y todo eso. Que incluyera un certificado al final. A los dueños de las tiendas les encantó la idea. Estábamos enriqueciendo las vidas de los estudiantes atendidos por la organización de capacitación educativa/laboral de la comunidad y, *al mismo tiempo,* educando e invirtiendo en los empleados de venta al menudeo y en las tiendas mismas. Por todo esto, resultaba lógico que quisiéramos una inversión con retorno que condujera a espacio adicional en las estanterías y más productos vendidos.

El único parámetro de comparación que tenía yo para medir el éxito consistía en constatar que las inscripciones y los empleos aumentaran entre los estudiantes, que los negocios de nuestros vendedores al menudeo mejoraran y que hubiera un incremento en ventas en esas comunidades. Desde el principio aprendí que ese incremento se refería a un aumento progresivo y evidente en las cifras de ventas. Si permanecían en el mismo nivel, es decir, si las ganancias seguían siendo las mismas de una semana a otra, entonces el modelo de negocios no era sostenible. Buscábamos un crecimiento constante y gradual que se reflejara en nuestro balance. Este nuevo paradigma lo comuniqué como un objetivo tripartita: (1) filantropía social, (2) desarrollo comunitario y (3) activación de la venta al menudeo.

Digamos que eres el Salvation Army (Ejército de Salvación) y que estás construyendo una nueva ala para una de tus instalaciones. En lugar de darte 100,000 dólares para tu fondo de construcción e incluir tu nombre en el banderín que se mostrará en el evento de gala para recolección de fondos, trabajaríamos con la asociación local Food for Less y les daríamos a ellos el dinero para que te lo donen a ti. De esta manera, ellos también tendrían su nombre en el banderín y se beneficiarían con el impulso que otros defensores del Salvation Army les darían a los negocios locales. Asimismo, trabajaríamos con los líderes de Salvation Army para que nuestra experiencia organizacional les ayudara a usar ese dinero de la mejor manera posible. En resumen, la filantropía social era donar a una buena causa, en tanto que el desarrollo comunitario consistía en ayudar a que esa causa maximizara sus recursos. La activación de la venta al menudeo radicaba en asegurarnos de que Food for Less, nuestro socio, expandiera su inventario de nuestros productos. De esta manera, nuestros 100,000 dólares generarían millones en ventas con incremento gradual.

Para promover esta idea, a nuestros socios de venta al menudeo les decía que estábamos invirtiendo en la vida y la educación de sus hijos. Si nuestros competidores hacían eso y más, entonces yo estaba absolutamente de acuerdo en cederles mi espacio en las estanterías, pero no lo estaban haciendo. Nosotros estábamos marcando la diferencia, y por eso, yo quería *su* espacio en esas estanterías.

Muchas de estas alianzas estratégicas se hicieron más comunes en los años siguientes. En aquel tiempo yo estaba en el vecindario haciendo mis jugadas que, de hecho, eran revolucionarias. El empleo que creé para mí mismo fue tan exitoso, que se duplicó en nueve regiones del país donde se estableció un número igual de puestos a nivel gerencial como el mío.

En este viaje hacia el liderazgo, si eliges servir como enlace, puedes cosechar dividendos reales. Para mí fue genial que en aquel tiempo la gente me empezara a identificar como el Padrino de la mercadotecnia y el *branding* hispanos. Fue un apelativo que me dieron públicamente en 2003, cuando di una conferencia en un almuerzo para Telemundo (la red de cable en español). Así fue como me presentó el maestro de ceremonias cuando subí al escenario, y se me quedó el nombre.

Fue muy emocionante entrar en contacto con líderes de la comunidad latina que me habían inspirado a lo largo de los años y celebrar nuestro ascenso como una importante fuerza económica en el país. A pesar de que yo estaba muy orgulloso de venir del barrio y no lo ocultaba en absoluto, poca gente conocía la historia de mis inicios como conserje.

Finalmente, en 2005, sin duda como resultado del crecimiento de mi perfil, me ascendieron y fui nombrado vicepresidente de PepsiCo. Gracias a Al Carey, quien supervisaba a los departamentos de Ventas y Mercadotecnia para Pepsi, logré trabajar con los directores de Mercadotecnia de todo el país y hacer por Pepsi, y todas las marcas de bebidas, lo mismo que había hecho en Frito-Lay.

Fue el trabajo más desafiante al que me había enfrentado, pero también el más divertido. La parte difícil tenía que ver con el hecho de que, a diferencia de Frito-Lay, que no tenía un verdadero competidor, Pepsi seguía siendo la número dos en muchos mercados y, en algunos otros, ni siquiera había llegado a ese puesto. Esto significaba que los departamentos de Mercadotecnia y Ventas casi tendrían que montar una furtiva campaña para hacerle a la gente saber lo increíble y buena onda que era consumir nuestras bebidas. Esto tendría que hacerse con base en cuán geniales y diversos eran nuestros vendedores al menudeo y nuestros consumidores. Es decir, el trabajo no consistiría en hacer publicidad sino en servir como enlace y en volvernos relevantes para las comunidades por medio de estrategias de generación de riqueza.

¿Cómo inspira un líder a una marca para que desarrolle estrategias de generación de riqueza? Lo primero que hice fue reunir a mis generales de campo, a quienes supervisaban la venta a las tiendas al menudeo en comunidades de color, y establecimos encuentros en persona a través de visitas. O sea, la antigua costumbre de ir y tocar a la puerta. A la gente de las tiendas de venta al menudeo le encantó el concepto porque ni siquiera conocían al jefe de ventas de su área. Cultivamos asociaciones entre los vendedores al menudeo y las organizaciones de la comunidad que estos consideraban que necesitaban ayuda. Mucho de lo que logramos fue gracias a las conversaciones, a que hablamos y escuchamos sus necesidades y aspiraciones.

A pesar de que alguna vez puse en duda la importancia de ostentar un cargo o un puesto de alto nivel, me sentí orgulloso de ser el primer latino en alcanzar el estatus de ejecutivo. Como líder revolucionario y como libertador, ahora podría afirmar que de verdad había logrado llegar del barrio a la sala del consejo directivo.

En 2012, la fundación American Latino Media Arts (ALMA) me concedió un premio por ser un modelo a seguir y por motivar al Estados Unidos corporativo a aumentar su compromiso con distintas comunidades, así como por mi trabajo con el National Council of La Raza (ahora conocido como UnidosUS) para aumentar el reconocimiento de la influencia del creciente mercado latino.

Al Carey me acompañó a la ceremonia de entrega del premio ALMA, y ahí solo pude reírme al reflexionar sobre lo lejos que había llegado desde aquel día, mucho tiempo atrás, en que rompí la cadena de mando para presentarme con él. Ahora ambos vestíamos esmoquin y nos dirigíamos en una limusina a un evento que estaría repleto de estrellas y en el que me honrarían con un premio.

¿Recuerdas cuando mis compañeros de trabajo se burlaron de mí por usar ropa que estaba por encima de mi puesto y les dije que mejorar mi vestuario era la manera en que estaba practicando para convertirme en mi futuro yo? ¿Puedes imaginar lo ridículo que habría sido predecir el día en que, vestido con esmoquin y acompañado del director ejecutivo, iría en limusina a recibir un premio? Esto solamente prueba una vez más que, teniendo el valor de lucir o sonar ridículo, puedes darle forma a tu futuro.

Poco después de la ceremonia de premiación, la revista *People* publicó una fotografía mía en la alfombra roja acompañada de un texto que decía: "Como el ejecutivo latino de más alto nivel en PepsiCo, Montañez fue invitado a hablar y a inaugurar los eventos del Mes de la Herencia en empresas de la lista Fortune 100, entre ellas Wal MART AND Kroger [sic]".

Casi de inmediato recibí un iracundo correo electrónico de nuestra oficina de comunicaciones en el que me reprendían por haber afirmado que tenía un título que no me correspondía. "Mire, no puedo decirle a la revista *People* qué escribir", respondí en el correo.

Pero para ser franco, en ese momento era, efectivamente, el ejecutivo latino de más alto nivel, solo que no quise discutir. Me respondieron que solo querían reservar ese elogio para, posiblemente, alguien más.

Me quedé sentado mirando esta declaración durante dos minutos y luego olvidé el asunto. De hecho, Al Carey se rio y estuvo de acuerdo en que no era algo por lo que valiera la pena preocuparse. A Julius C. McGee, mi primer mentor, y al que nunca se le recompensó de la manera que le correspondía, le dio incluso más gusto que yo hubiera llegado a esas alturas. En su opinión, la revista *People* era prueba de que no me vendí a cambio de cualquier cosa.

A lo largo del trayecto hacia una situación cómoda como líder, viví algunos momentos muy incómodos. En muchas ocasiones tuve que pedirle a Julius que preparara eventos para gente VIP porque todo eso era nuevo para mí. Él me daba su opinión respecto a todo, desde el código de vestimenta y etiqueta adecuado hasta cómo comportarme en las siete ocasiones en que me invitaron a la Casa Blanca, donde conocí a todos los presidentes, de George Herbert Walker Bush a Barack Obama, así como a vicepresidentes, senadores, representantes del congreso, gobernadores, alcaldes y miembros del ayuntamiento.

Hubo ocasiones, sin embargo, en que todo el trabajo de preparación no pudo ayudarme. Por ejemplo, aquella primera ocasión en que Roger Enrico me invitó a Nueva York para la filmación de un comercial y luego tuvimos que volar de ahí a Washington, D.C., a la Casa Blanca, para asistir a una cena de estado en la que los anfitriones serían el presidente Bush y la primera dama Barbara Bush. Lo que más me puso nervioso fue volar en un avión de la empresa por primera vez. Fue en la época previa a los teléfonos celulares, así que no podía llamarle a nadie para pedir consejo o ayuda. En el aeropuerto, cuando llegué a la zona de los jets privados, nadie me dijo que tenía que documentar mi maleta y, por supuesto, la traía repleta de cosas y subí con ella al avión. Ninguno de los integrantes del equipo de vuelo dijo nada, así que solo conservé mi maleta conmigo y, como fui el primero en llegar, me senté en un asiento cerca del frente.

Cuando varios de los ejecutivos empezaron a abordar el avión, noté que ninguno de ellos traía equipaje. Luego vieron el lugar que había yo elegido y me miraron extrañados, pero nadie dijo nada, solo:

—Oh, hola, Richard, qué gusto verte.

Alguien incluso comentó, como si yo fuera el copiloto:

—Ah, mira, estás en el asiento del frente.

Nadie vino a decirme de manera directa que estaba en el asiento del director ejecutivo. Cuando Roger Enrico llegó, me saludó calurosamente y fue a sentarse a uno de los asientos de atrás. Alguien por fin se ofreció a llevar mi equipaje adonde almacenaban todas las maletas.

Mucho después, el vicepresidente de Recursos Humanos tuvo la amabilidad de explicarme que el asiento del frente del avión privado se reservaba para el director ejecutivo o para el ejecutivo de mayor rango en el vuelo. Por respeto, nadie me había dicho nada, pero era necesario que conociera el protocolo.

Cuando le conté a Judy lo confundido que estaba, ella me recordó que mi error había sido una bendición porque ahora sabría qué hacer la próxima vez. Entonces le pregunté cómo podía estar tan segura de que volvería a volar en el avión privado de la empresa, y ella solo me miró como diciendo: *¿Alguna vez me he equivocado?*

Mi primera visita a la Casa Blanca fue inolvidable. El presidente George Herbert Walker Bush era elegante y realista, además, contó varios chistes buenos. La primera dama, Barbara Bush, rebosaba calidez y liderazgo. Durante todo el tiempo que estuve ahí traté de absorber cada detalle para poder compartir todo con Judy y los chicos cuando regresara a casa. En una reunión en el Jardín Rosa, antes de la cena, tomé varias de las elegantes servilletas de papel que tenían la insignia de la Casa Blanca y actué como si fuera a enjugarme el sudor con ellas, pero en lugar de eso las guardé en mi bolsillo para llevarlas a casa y mostrárselas a la familia.

En las subsecuentes visitas, con los presidentes Bill Clinton, George W. Bush y Barack Obama, me fui sintiendo cada vez más en casa, pero eso no quiere decir que piense presentarme como candidato en algún momento. Aunque, bueno, uno nunca sabe. Después de todo, ¿por qué no?

En las otras visitas no pude tomar servilletas de papel como en la primera ocasión. Por eso no pude resistir la tentación de llevarme a casa una toalla de tela para manos del baño para probarles a mis escépticos compañeros de trabajo, amigos y familiares que realmente había estado en la Casa Blanca. Aunque me da pena admitir que las tomé, he escuchado que sucede con tanta frecuencia, que buena parte del personal de la Casa Blanca deja algunas disponibles y con fácil acceso para que los invitados las tomen discretamente y se las lleven a casa.

En mi última visita, durante el segundo mandato del presidente Obama, tuve el enorme placer de llevar a Judy conmigo. Tengo que decir que, verla ahí, ver sus ojos centellear, verla lucir como un millón de dólares o más, me confirmó que estábamos en un lugar en el que podíamos saborear y disfrutar del fruto de nuestro trabajo. Éramos dos chicos del barrio, pero habíamos escapado a la pobreza y logramos alcanzar el sueño estadounidense. De una manera no muy distinta de como lo hicieron Barack y Michelle Obama.

Esa noche tuve una experiencia inaugural al convertirme en la primera persona en la historia a la que le sirvieron Cheetos Flamin' Hot en el Salón Azul de la Casa Blanca.

Posiblemente ya estés pensando que tal vez no sería tan difícil para ti experimentar, bajo tus propios términos, todo aquello de lo que mi familia y yo hemos disfrutado. Si ese es el caso, permite que tu aventura hacia el liderazgo dé inicio. De no ser así, si te preocupa tu situación o si no estás seguro de lo que se requiere para guiar a otros, tal vez puedas buscar a un o una líder que te diga cómo lo logró. Siempre hay esperanza, siempre hay una idea nueva y un día más para hacer surgir una revelación que te llevará del barrio a la sala de juntas del consejo directivo y al Salón Azul de la Casa Blanca.

Espero haberte motivado, inspirado y recordado los dones natos de liderazgo que yo nunca imaginé tener, pero que sé, desde el fondo de mi corazón, que tú posees. Hagamos una revisión rápida:

* Puedes ser líder en todos los niveles, incluso en la planta baja. Serás líder cada vez que trabajes para el beneficio de otros y uses tus palabras y tu voz para defenderlos.
* Tu éxito hará que los otros también sean exitosos. Comparte tu historia con alguien más y permite que tu ejemplo se convierta en una bendición para esa persona.
* Si tú eres quien guía, ¿por qué ser uno del montón? Vuélvete ardiente y atrévete a electrizar a quienes necesiten una sacudida, comparte con ellos parte de tu energía.

* Cuando elijas invertir en el éxito de otros, recuerda que también es importante hablar en tu defensa si llegas a sentir que no has obtenido la compensación o ascensos que mereces.
* Mira a tu alrededor y aprende a diferenciar entre los faraones y los liberadores. Elige qué tipo de líder quieres ser para ayudar y empoderar a quienes te rodean.
* Busca oportunidades para servir como enlace en el trabajo, en tu vecindario y en tu comunidad. ¿Qué necesitas hacer para trabajar por el bien mayor?
* Inicia el viaje hacia el liderazgo y ve qué tan lejos puedes llegar, pero siempre asegúrate de llevar a otros contigo.

No me queda más que decir que no habría podido convertir una revelación en una revolución si, en el fondo, no hubiera estado convencido de que tenía en mí todo lo necesario. Solo permíteme agregar que no habría logrado absolutamente nada si no hubiera tenido a mi lado a la líder más importante de mi vida: mi esposa, Judy.

Aunque ya lo haya mencionado una, dos o incluso tres veces, tengo que repetirlo antes de continuar. No hay nada comparable al liderazgo de una mujer. Y si no quieres, no tienes que darme el crédito si alguna vez llegas a citarme: "Cuando Dios creó a la mujer, definitivamente estaba alardeando".

10

Cree en la grandeza que hay en ti

No importa cuántas veces te hagan llegar un mensaje importante, las palabras sonarán como ruido en tus oídos hasta que no estés listo para escucharlo. Cuando ese momento llegue, escucharás las palabras articularse como si fuera la primera vez, como el coro del "Aleluya" de Händel.

El mensaje que más me interesa darte es que *naciste para la grandeza*. Una vez que creas que la grandeza existe en ti, esta mentalidad desatará tus ideas más creativas e inspiradas. No importa cuán hambriento, apasionado, resuelto o trabajador seas, si no crees, si no tienes la convicción de que estás destinado a la grandeza —si piensas que la vida nunca ha sido justa contigo, que no eres talentoso o que ni siquiera eres inteligente—, indudablemente no llegarás muy lejos.

¿Cómo se aprende a creer? A veces tienes que hacer lo que mencioné anteriormente en el libro: regresar al pasado para conocer tu futuro. Te puedo asegurar que, al reflexionar sobre los momentos clave de tu viaje, no te has dado el crédito que mereces. Piénsalo en retrospectiva y recuerda la manera en que aplicaste tu convicción en ciertos momentos. Ahora, retoma esa experiencia y úsala para identificar la grandeza que hay en ti actualmente.

Con suerte, tal vez hubo familiares o seres queridos que notaron tu valor y que creyeron en ti antes de que tú mismo percibieras tus propias capacidades. Así sucedió en mi historia. Tenía catorce años cuando conocí a Judy. Ella era hermosa y deslumbrante. Su sonrisa podía iluminar toda una habitación. Yo, en cambio, era un buscapleitos. Los dos veníamos del barrio, pero ella creció en un lugar ligeramente mejor. En realidad no tuvimos mucho tiempo para llegar a conocernos bien porque eso fue más o menos en la misma época en que me arrestaron por ausentismo escolar y fui llevado a un campamento de detención juvenil. Cada vez que yo salía del encierro o andaba de aventurero, nos veíamos en fiestas por aquí y por allá, y hablábamos de música o automóviles. A mí me fascinaban los clásicos, y como mi papá podía reparar cualquier cosa salida de una montaña de chatarra, seguramente presumí de los increíbles coches *lowrider* y las Harley que algún día tendría (¡alerta!, la siguiente información podría arruinarte la historia: actualmente tengo varios automóviles clásicos y deportivos modificados, y una Harley).

Desde que Judy y yo nos conocimos, siendo casi niños, yo le parecí gracioso y a mí me cautivó su maravillosa forma de reír. Ella era muy divertida también y, aunque me di cuenta de que era mucho más inteligente que yo, no parecía tomarse nada demasiado en serio. Tiempo después descubrí que su situación en casa tampoco era fácil y que quería escapar de la pobreza y la disfuncionalidad de su ambiente, y obtener de la vida algo más de lo que tenía frente a ella en ese momento. Nos besamos en una o dos ocasiones, pero eso fue todo.

A los diecisiete años, decidido a no volver a meterme en problemas, me encontré a Judy. Se había convertido en una joven y, ¡vaya!, eso fue todo. ¿Para qué andar por ahí buscando a alguien más teniéndola a ella justo frente a mí? Cuando nos mudamos juntos y concebimos a nuestro primer hijo, ambos estábamos solos y sobrevivíamos con dificultad. Mis días de lucha no habían llegado a su fin, pero te puedo decir que ella salvó mi vida en más de una ocasión al alcanzarme y detenerme justo cuando yo estaba al borde del precipicio. Posiblemente yo también salvé su vida.

En realidad no planeamos dejar pasar un lapso de seis años entre el nacimiento de nuestros hijos, pero resultó ser una bendición porque cada uno de ellos trajo un nuevo nivel y tipo de prosperidad. A Richard Jr., nuestro primogénito, lo apodamos "Lucky" (afortunado en español) en honor de mi padre, cuyo nombre es Luciano. Sí, como Lucky Luciano, el mafioso. ¿Cuál es la importancia de un nombre? Pues uno nunca sabe, pero Lucky parece italoestadounidense.

Resulta interesante que, a pesar de que durante muchos años mi padre no fue capaz de mostrar afecto ni orgullo, la llegada de mi hijo cambió todo.

Quizá mi papá estaba emocionado por el nacimiento de su nieto porque ahora podría hacer por él lo que no pudo hacer por nosotros, sus hijos. Nunca olvidaré el día en que, mientras yo trataba de averiguar cómo sería mi futuro como padre adolescente, vino a visitar al bebé y me dijo: "Hijo, nunca he tenido que preocuparme por ti". Después de un momento en silencio, añadió algo que nunca le había escuchado decir: "Te quiero, Ricardo".

Dos años después, cuando conseguí el trabajo de conserje en Frito-Lay, mi padre y mi abuelo fueron los primeros en escuchar la noticia. Su sabiduría fue la guía más importante que pude recibir al principio, y no solo sigue siendo fundamental hasta la fecha: también es el legado que podré transmitirles a mis hijos y mis nietos. Cuando eliges trapear los pisos tan bien que toda la gente que los ve sabe que fue un Montañez quien lo hizo, te conviertes en el dueño de tu propia vida. Cuando trabajas para tu nombre —no para un jefe, ni para recibir un cheque, y mucho menos para las "plantaciones"—, estás dirigiendo tu propia revolución de la riqueza.

Hasta este momento, cada uno de mis tres hijos y mis cinco nietos lleva consigo el legado del nombre Montañez. Al igual que el mensaje que me transmitió mi padre al decirme que me amaba, su mensaje sobre nuestro legado fue sin duda fundamental. No fue sino hasta que estábamos esperando a Steven, nuestro segundo hijo, que realmente empecé a creer que yo era capaz de crear la vida que quería para nuestra familia. Hasta ese momento había sido solamente un conserje que trataba de abrirse camino y empezaba a escalar la roca, pero todavía quería ir a fiestas e involucrarme en peleas como en los viejos tiempos.

La noción de que en mí había grandeza, estaba fuera de mi alcance porque la pobreza había formado parte de mi vida demasiado tiempo. Lo que no entiende mucha la gente que no la ha vivido es que, cuando naces en la pobreza, esta se puede convertir en una maldición por generaciones. En el caso de la familia que me crio, todas las generaciones por el lado materno y el paterno habían vivido en la precariedad, es decir, estoy hablando de una situación que duró por lo menos cien años. Recuerdo que en una ocasión visitamos a familiares que vivían en Nuevo México y no tenían agua caliente ni baño en el interior de la casa, así que te imaginarás cómo nos atemorizaba usar el baño exterior, por decir lo menos. Sin embargo, mis parientes nunca se quejaron.

En mi familia, mis padres y los líderes que elegimos nos enseñaron cómo sobrevivir a la pobreza. Nos mostraron dónde estaba la oficina de bienestar social y cómo solicitar cupones para alimentos, así como la mejor manera de extender nuestras facturas de servicios. No nos enseñaron cómo escapar de ella. No nos enseñaron cómo solicitar el ingreso a una universidad, cómo conseguir una tarjeta de la biblioteca ni cómo buscar información para huir de la precariedad. No nos dijeron que el espíritu emprendedor formaba parte del ADN de todos, y tampoco nos explicaron que si estábamos dispuestos a hacer el trabajo necesario, podíamos solicitar a la Agencia Federal para el Desarrollo de la Pequeña Empresa un préstamo e iniciar un negocio.

Yo creo en todas las formas de ayuda, tanto gubernamentales como privadas. De hecho, como alguien que ha escapado de la pobreza y generado riqueza, pago con gusto mis impuestos para asegurarme de que tengamos redes de protección que eviten que la gente caiga más allá de la línea de la pobreza. Todavía podemos hacer mucho más para empoderar a los ciudadanos más pobres y ayudarles a triunfar. Lo que en realidad les hace falta a muchos menores y adultos es alfabetización y capacitación laboral, y por eso tenemos que impedir que meterlos a la cárcel siga siendo rentable para algunos. Yo soy el ejemplo perfecto de ello, y soy el primero en decir que a los niños no se les debe catalogar como malas personas o como vagos solo porque vienen de ambientes desfavorecidos. Ellos también necesitan ayuda para hacer algo más que solo sobrevivir en dichos ambientes.

Antes de que yo diseñara mi propio plan de escape de la pobreza, noté los contrastantes sueños de quienes tienen algo y de quienes no tienen nada. De manera general, los pobres sueñan dinero, la gente acomodada sueña cosas y la gente verdaderamente rica es la que sueña ideas.

Todo esto me quedó claro en cuanto Judy y yo nos convertimos en padres. Una noche de Halloween, cuando Lucky tenía unos siete años y Steven todavía no cumplía dos, nos estábamos preparando para ir a pedir dulces en una zona en que las casas eran más grandes y los dulces obviamente serían mejores y más abundantes. Salimos y recordé cada año de mi niñez, cuando yo también salía a pedir dulces en la zona rica de pueblo. Teníamos que cruzar las vías para llegar ahí, pero eso era lo que uno hacía si quería obtener buenos dulces. Íbamos de puerta en puerta y yo solamente trataba de mirar un poquito al interior y soñar. *¿Cómo consigue uno una casa como esta?* La pobreza me respondía diciéndome que yo no era suficientemente bueno, inteligente, blanco, o digno de tener una casa así algún día.

Cuando Judy y yo salimos a pedir dulces con nuestros hijos, de repente entendí que íbamos al otro lado del pueblo para que los chicos pudieran ver lo que se suponía que no deberían desear si lo único que querían hacer era continuar con el legado de la supervivencia. La respuesta se me reveló. Para escapar de la pobreza tenía que hacerme aún más dueño de mi propia vida, visualizar el futuro que quería vivir, y crear con mi imaginación las oportunidades para hacerlo. Había llegado el momento de llevar a cabo el plan de escape, de dejar atrás la tierra del *insuficiente* y viajar a la tierra del *apenas suficiente*, sabiendo que no mucho tiempo después llegaríamos a la tierra prometida del *más que suficiente*.

Nuestra revolución de la riqueza comenzó en mi mente. Cuando aprendí a actuar como dueño en el trabajo, mi familia y yo dimos inicio a nuestro gran escape de la pobreza. Recuerda que puedes tomar tu nada y convertirlo en algo, puedes tomar tus condiciones actuales y usarlas para determinar tu posición en el futuro.

A pesar de todo, ahora te puedo decir que yo no había empezado realmente a creer en las cosas que esperaba que sucedieran. Todavía había una parte de mí que no deseaba responsabilidades, que no quería crecer.

Más o menos en esa época, Judy empezó a asistir a la iglesia local y a elegir cosas distintas para ella. Su crecimiento espiritual era personal porque ella era dueña de su vida y nunca insistió en que yo siguiera el mismo camino. En realidad no me juzgaba, es decir, no lo hizo sino hasta que, una noche, me involucré en una pelea con un amigo y ella dijo en un tono de voz calmado y de la manera más amorosa posible que había llegado el momento de que yo creciera.

Indirectamente, en realidad me dijo: *Tú eres mejor que esto.*

Yo quería creerle, pero incluso con mis logros en el trabajo y mi noción de la responsabilidad, me impacientaba que los cambios no llegaran. Tal vez ella solo me quería decir que tenía buenas ideas, pero no estaba yendo a ningún lugar con ellas.

Judy me dijo que todavía faltaba por revelarse mucho de lo que yo haría. Habló con mucha pasión y amor. Además, siempre había mostrado tener una fuerte intuición.

—Richard, no eres como los otros, te conozco —afirmó, y luego leyó la Biblia, un pasaje del libro de los Proverbios que decía: "¿Has visto un hombre diestro en su trabajo? Estará delante de los reyes; no estará delante de los hombres sin importancia".

Las palabras sonaban bien, pero la causa de la pelea que tuve con aquel amigo, cualquiera que esta haya sido, seguía en mi mente.

Judy continuó insistiendo. Decía que podía verme atravesando puertas y entrando a recintos sagrados que ninguno de nosotros había imaginado, y que me sentaría con gente de rango elevado que me buscaría por mis conocimientos. Su sermón funcionó. Poco después de eso, yo también empecé a ir a la iglesia y a tener mi propio despertar espiritual. La persona que dijo que uno podía llevar un caballo al agua, pero que no podía obligarlo a beber, estaba equivocada porque no conocía a mi esposa.

Judy lo vio y me lo dijo; Julius pensaba que yo era un diamante en bruto; y mi padre y mi abuelo también lo creían. Sin embargo, no fue sino hasta que estuve de acuerdo en asistir a los servicios religiosos con el Pastor Ernie, en una gran iglesia de nuestra zona, que empecé a escuchar lo que estaban tratando de decirme. Una de las cosas que me atrajeron de esta iglesia fue que ofrecía clases que no necesariamente se centraban en la Biblia o la religión. Si hubiera sido una especie de escuela, estoy seguro de que me habrían corrido porque en el pasado otros me dijeron que yo era incapaz de aprender. Pero entonces pensé: *Pues qué diablos, si es una iglesia, van a tener que dejarme entrar y, además, no creo que me haga daño tener a Dios de mi lado.* Esa idea me hizo más receptivo a las clases, pero no fue sino hasta que el Pastor Ernie empezó a trabajar conmigo como maestro y amigo, que pude dejar atrás la vergüenza y la carga de veintidós años para poder aceptar sus creencias. "Richard, veo la grandeza en ti", me dijo en una segunda reunión, al tiempo que me devolvía un reporte de un libro que había yo escrito para él y, para mi sorpresa, cuando bajé la vista, en la parte superior del reporte vi impresa con tinta una gran letra A. ¡Era la primera vez en mi vida que sacaba una A de calificación! Primero, el pastor dice que ve grandeza en mí, después me califica con A, y luego afirma: "Tienes un espíritu de excelencia".

¿Sabes qué? Eso me convenció porque sabía que era cierto. Mi propio esfuerzo por alcanzar la excelencia en mi trabajo me lo había demostrado. A partir de ese momento me pareció tentador e incluso más sencillo creer que, quizá, había algo de grandeza en mí. ¿Un poquito tal vez?

El Pastor Ernie continuó asignándome tareas y sugiriéndome libros sobre temas que notó que me interesaban. Esto aumentó mi confianza, una palabra que vale la pena estudiar cuando estás tratando de aceptar tu grandeza y tu carisma:

Confianza (s.) c. 1400, "seguridad o creencia en la buena voluntad, veracidad, etc. de otro" del francés antiguo *confidence* o directamente del latín *confidentia*... "que confía firmemente, temerario"...

A partir de mediados del siglo quince, como "confianza en los poderes de uno mismo, en los recursos o circunstancias, seguridad en uno mismo". El significado "certeza de una proposición o afirmación, seguridad respecto a un hecho", data de alrededor de 1550. El significado "un secreto, una comunicación privada" data de alrededor de 1590.[14]

En ese momento sucedieron dos cosas. Para empezar, comencé a trabajar en la confianza en mí mismo, tanto por mis hijos como por mí. Si podía mostrarles un ejemplo de la confianza en uno mismo y la creencia de que yo estaba destinado a la grandeza, ellos podrían inspirarse en esos pensamientos. Llegué a la conclusión de que nuestra labor no era buscar a aquellas personas cuya sabiduría nos imbuiría de grandeza, sino a aquellas cuya ayuda nos serviría para hacerla manifestarse. Este proceso fue extremadamente útil para eliminar las voces de las personas que se sentían amenazadas por mi grandeza.

Actuar como dueño me ayudó a flexionar los músculos de la creencia. Era mi manera de aprender a "confiar hasta lograrlo". Pero fíjate que no dije *fingir* hasta lograrlo" como indica la famosa frase en inglés (*fake it till you make it*). ¿Por qué? Porque la palabra "fingir" transmite la idea de que no crees, de que solo vas a engañarte a ti mismo y a otros. En cambio, la frase "Confiar hasta lograrlo", que en inglés se podría decir *"faith it till you make it"* y establece un ingenioso juego de palabras entre *fake* y *faith* (*faith* también era verbo en el inglés antiguo) se basa en la

---

[14] Online Etymology Dictionary, s.v. "confidence", <www.etymonline.com/word/confidence> (Diccionario etimológico en línea consultable en inglés exclusivamente.)

premisa de que confías en que naciste para la grandeza y estás dando un gran salto de fe al creer que las cosas que te hacen especial y diferente no se han revelado todavía. La frase "Confiar hasta lograrlo" te sirve para disminuir un poco la presión.

La grandeza ha estado en ti desde que naciste. Es tu verdadera riqueza, tu herencia, tu destino. Tu trabajo consiste en valorarla y en realizar acciones valerosas y honestas para usarla.

LA DECISIÓN DE RETIRARME DE PEPSICO HACIA FINALES DE 2019 no fue difícil de tomar. En general, mis principales mentores y campeones habían seguido otros caminos. El 1 de junio de 2016 recibí la noticia de que Roger Enrico había sufrido un ataque al corazón mientras practicaba *snorkel* en las Islas Caimán, era el segundo. El primero fue un ataque leve y lo motivó a dejar de fumar, pero no pudo recuperarse del segundo. Solo tenía setenta y un años, es decir, era bastante joven. Su fallecimiento me devastó. Mi padre también murió de manera repentina, y ahora que ambos se habían ido, yo sentía un vacío en mi vida. Roger siempre estaba a una llamada de distancia y, después de Judy, él era la segunda persona cuyas reacciones y opiniones respecto a mis nuevas ideas me resultaban vitales. Recuerdo que, en una ocasión, Roger tuvo sentimientos ambivalentes respecto a quedarse al mando de PepsiCo. Su verdadera pasión era ser mentor y siempre tuvo el plan de ejercer esa actividad con más frecuencia cuando el ritmo laboral desacelerase.

A mí ya se me había ocurrido que llegaría un momento en el que estaría listo para concentrarme en mi propia empresa y que expandiría mi alcance como mentor para pasar las lecciones que había aprendido de los grandes que me ayudaron a permitir que la grandeza en mi interior se manifestara.

Por todo lo anterior, los ejemplos que he compartido hasta ahora no estarían completos si no incluyera las lecciones de grandeza que recibí de Indra Nooyi, quien no solamente fue la primera mujer directora ejecutiva en la historia de PepsiCo: el hecho de que hubiera nacido en India y que fuera migrante, la convirtió también en la primera directora con experiencia de primera mano en el impacto provocado por la globalización en el nuevo mercado mundial. A diferencia de sus predecesores, Indra entendía la diversidad gracias a una experiencia vívida y aprovechaba esas reflexiones para hacer a la empresa avanzar con facilidad.

Indra me enseñó a tomar decisiones imparciales tanto en el aspecto intelectual como espiritual. Era estricta, pero de una manera sutil. En una etapa temprana de su ejercicio ejecutivo se contaba una historia referente a un viaje al extranjero como los que nuestros directores solían realizar para visitar centros de distribución al menudeo en lugares remotos, y que usualmente implicaban muchas horas de viaje en terrenos poco cómodos. Según la historia, cuando Indra iba a abordar una camioneta, la puerta se cerró y le machucó los dedos, pero ella no le dio mucha importancia y dijo que estaba bien. No se quejó en ningún momento durante el día, pero esa noche, al regresar al hotel, el dolor era tan agudo que tuvo que ir a la sala de urgencias del hospital local porque tenía los dedos rotos. No estoy seguro si yo habría soportado todo el día en esas condiciones.

Indra podía ser en extremo decidida, rasgo que mostró particularmente cuando renovó la línea de productos para desglosarla en categorías con mayor conciencia respecto a la salud. Sin embargo, también podía escuchar con gran atención y les transmitía a todas las personas la sensación de que su voz contaba e importaba. Asimismo, tenía el don de identificar los dones en otros.

Poco después de que llegó, empecé a escribir una serie de correos electrónicos motivacionales que enviaba a una lista de alrededor de cien mil de nuestros empleados y a una lista personal aun mayor que incluía a socios estratégicos. Siempre había una o dos personas que me escribían para decirme: "Elimina mi nombre de la lista". Y yo lo entendía, porque no todo mundo quiere motivación diaria.

La mayoría, sin embargo, adoraba mis correos, y entre esas personas se encontraba Indra. "Oh, Richard, podrás escribirles a cientos de miles de personas, pero siempre siento que tu mensaje es solo para mí y justamente lo que necesitaba escuchar".

Durante el colapso bancario de 2007-2008 que precipitó la Gran Recesión, se desencadenó una reacción de miedo que preocupó a todo mundo.

El tema de mi correo electrónico fue la resiliencia, en él mencioné que era una cualidad valiosa tanto para las organizaciones como para los individuos. Por supuesto, exploré la etimología de la palabra y escribí sobre el hecho de que originalmente se usó para describir la habilidad de recuperar la forma original.

"La *resiliencia* —escribí— alguna vez fue un término científico que se refería al descubrimiento de que todo tenía un punto de quiebre del que se puede saltar de vuelto a la posición o estado original". Y a nuestros empleados también les escribí lo siguiente: "Tenemos un gran poder en nuestras marcas, pero la resiliencia de nuestra empresa radica en nuestra gente, en la fortaleza que cada uno de ustedes tiene en sí. La capacidad de recuperarse de una situación negativa. La capacidad de recobrar la forma original después de haber sido sometido a compresión o de haber sido estirado".

Viéndolo en retrospectiva, aunque estaba hablando en un tiempo específico en la historia del mundo, todos deberían saber que la resiliencia es atemporal y que esta conversación es tan necesaria ahora como lo era entonces. O incluso más.

"La resiliencia es esa cualidad inefable que permite que algunas personas abatidas por la vida se recuperen y se vuelvan más fuertes que nunca. En lugar de permitir que el fracaso venza su resolución, encuentran una manera de levantarse de entre las cenizas. Algunos buenos amigos míos son campeones mundiales de box y, al observarlos, he notado que cuando los noquean se levantan con resiliencia y, en muchos casos, incluso ganan la pelea", escribí.

Mis mentores, los líderes que he conocido, y mis propios hijos me han enseñado que en los momentos más difíciles siempre puedes decidir *recuperarte* en lugar de simplemente *regresar*. Te levantas, te recuperas, ¡y continúas luchando! Y recuerda, si nunca te han noqueado es porque no has participado en una pelea.

La resiliencia es, literalmente, el arte de la *recuperación*, del *salto de vuelta*. En el siglo dieciocho, la prueba de la resiliencia se usaba para probar la fuerza del acero: su capacidad de recuperación, su flexibilidad y su capacidad de recobrar su forma a pesar de haber sido doblado casi al punto de quiebre. Eso es lo que puede hacer la resiliencia del acero. Ahí es donde radica su grandeza.

Mis conversaciones con Indra respecto a la resiliencia corporativa y organizacional fueron fascinantes e inolvidables. Era como si estuviera yo estudiando un postdoctorado en liderazgo. Sin embargo, poco después del fallecimiento de Roger Enrico, Indra también se preparó para partir. Luego, en 2018, Al Carey anunció que también iría a otro lugar. Muchos de los ejecutivos de la nueva camada sabían quién era yo y también conocían mi historia, pero no estaban familiarizados con las estrategias y los cambios de paradigmas que se hicieron posibles gracias a mi asociación con todos los directores ejecutivos que ya no estaban al mando.

A diferencia de alguien que piensa que las corporaciones se han vuelto demasiado grandes y que se han tragado a demasiados de sus competidores de menor tamaño, yo creo en la productividad y en el potencial de creación de riqueza que tienen grandes empresas como PepsiCo. Por supuesto, creo que siempre hay cosas que se pueden mejorar, y que las entidades corporativas pueden humanizarse y democratizarse más. Sin embargo, en tiempos de problemas económicos, las corporaciones tienen la posibilidad de vigorizar, apoyar y alentar a las comunidades y los individuos que lo necesiten. Por eso estoy orgulloso de haber sido pionero de algunas de estas prácticas.

La nueva vida que comencé tras dejar PepsiCo me ha inspirado a buscar, además de la mía, otras historias que le imbuyan mayor intensidad al mensaje de que en nuestro interior, todos tenemos grandeza. Mis historias favoritas son las de esas personas que se quiebran y, gracias a las fisuras, descubren el oro que tienen dentro de sí. Hay un proceso japonés llamado *kintsugi* que consiste en tomar las piezas de cuencos u ollas de cerámica rotos, volver a armarlos y remarcar con pintura de polvo de oro las grietas visibles. Cada pieza de cerámica reparada se convierte en una obra de arte incluso más hermosa y especial de lo que era antes. Esto es un recordatorio de que tus rupturas y tus cicatrices no dañan tu grandeza, al contrario, la realzan.

Otra de las historias que siempre me han gustado es la de Rebecca Webb Carranza, una mujer que fue pionera en la manufactura de frituras de tortilla. Rebecca había estado en el negocio de la fabricación de tortillas y un día tomó una tortilla enrollada como taco y se le quebró en las manos. Entonces comenzó a tostar las tortillas y a quebrarlas a propósito. No es necesario decir que su revelación provocó una revolución importante. Cuando Rebecca perdió su negocio de frituras debido a su divorcio, fundó empresas con otras ideas. Falleció hace poco, tenía noventa y ocho años, y hasta el fin de sus días trabajó desarrollando nuevas ideas. Es un ejemplo del liderazgo y la grandeza de una mujer, sin la que el mundo seguramente sería un lugar más frío y menos delicioso.

Me encanta la parábola del hombre adinerado que vivía en Medio Oriente, en lo que ahora es Irak, y que sentía que toda su felicidad se la debía a su riqueza. Un sacerdote lo visitó y le dijo que, para ser verdaderamente rico, debería tener diamantes. El hombre comenzó a codiciar diamantes y se convenció de que era pobre porque no tenía, aunque obviamente no era así. Terminó vendiendo muchos acres de tierra para ir en busca de esos diamantes. Como no encontró ninguno, se deprimió y perdió las ganas de vivir. Finalmente, se lanzó al mar.

Mientras tanto, un día, el hombre que compró su tierra descubrió sorpresivamente que en el lecho del río había diamantes. Y así fue como encontró acres de estas piedras preciosas que desenterró y recolectó. Me gusta la moraleja de la historia porque nos dice que muchos pensamos que nuestra fortuna y grandeza solo pueden rendir frutos en otro lugar, cuando en realidad ya tenemos lo que se necesita para crear oportunidades precisamente en donde estamos, justo debajo de nuestros pies.

Una historia muy similar es la del Buda dorado descubierto en Tailandia en la década de los cincuenta. Durante años, un feo y enorme Buda de concreto estuvo sentado en medio de la plaza de un pueblo en Bangkok. Los visitantes tiraban basura alrededor y no tenían noción de su valor. En algún momento, un monje hizo arreglos para que la estatua fuera llevada a un templo cercano y, mientras la movían, se cayó y se rompió. En el templo, el monje notó algo debajo del concreto. Él y algunos ayudantes cincelaron la cubierta y descubrieron que, debajo, estaba la pieza de oro esculpido más grande del mundo: un buda de casi dos metros y medio de altura.

Mi interpretación de esta historia es que muchos tenemos oro en nuestro interior, pero a veces se necesita que nos sacudan y nos maltraten para que nuestro valor se revele. En un sentido espiritual, el poder superior —como quiera que definas a esta entidad— conoce nuestros dones y potencial, y está esperando que creamos que hay grandeza en nuestro interior para ayudarnos a transformar nuestra vida y mejorarla. Tal vez llegue un momento en que elijas sacudirte esas piezas de concreto y mostrar el oro que hay debajo, que te deshagas de toda la basura que otros te lanzaron y que ha estado cubriendo y ocultando tu grandeza. Empieza por creer que la revelación llegará pronto.

Hace mucho tiempo, el Pastor Ernie compartió conmigo una historia de liderazgo que tiene que ver con la grandeza. Es una narración a la que regreso constantemente para tener nuevas reflexiones. Se trata de la historia bíblica de David y Goliat. A todos les gusta hablar de ella, pero hay algunos detalles que la gente suele soslayar. Algo bien sabido es que David no era el candidato más evidente para convertirse en rey. El primer rey de Israel fue Saúl, que era el guerrero más alto y el rey más guapo de todos los tiempos. El problema era que, como no era buen rey, Dios quería elegir a su sucesor y envió al profeta Samuel a la casa de Isaí, quien tenía muchos hijos, entre ellos David, uno que no era ni el más alto y ni siquiera el más guapo. David era pastor y su incapacidad como guerrero era notoria, sin embargo, lo que con frecuencia no se menciona es que había luchado contra leones y osos para proteger a su rebaño. Isaí no conocía la grandeza de su propio hijo y, por eso, no se tomó la molestia de llamarlo para que Samuel lo considerara como candidato para ser rey. Ninguno de los otros hijos de Isaí impresionaron al profeta, a quien entonces se le ocurrió preguntarle si no tenía otros hijos. De mala gana, Isaí llamó a David.

Cuando Samuel vio la grandeza del joven, Dios confirmó que el pastorcito era a quien quería como rey.

Esto es lo primero que cuenta la historia respecto a la grandeza de David que todavía está por ser revelada. Solamente Dios la ve. Luego hay otra parte de la historia que la gente tampoco toma en cuenta, cuando el gigante Goliat decide causar terror en el reino, pero no desafía a cualquiera a luchar contra él. Según cuenta la

Biblia, Goliat, que medía casi tres metros y era sumamente musculoso, desafió al rey Saúl, conocido como el más grande guerrero del reino, ¡Y adivina qué! Como Saúl nunca había visto a nadie más grande que él, se negó categóricamente a luchar contra él.

Cuando David se enteró de que el gran y poderoso rey no quería luchar contra Goliat, pidió que lo dejaran hacerlo: estaba seguro de que nadie más querría hacerlo. El pastor lo vio como una oportunidad para probarse a sí mismo. "¡Este es mi gigante!", insistía David.

Suena ridículo, ¿verdad? Bien, pues ahora sabemos que con frecuencia la grandeza llega de maneras ridículas y aquí tienes un ejemplo clásico. Esto le parecía una locura a todo mundo, pero nadie más quería luchar contra el gigante. David sabía que matar a Goliat y terminar con su ola de terror sería la manera de cambiar su vida y de ponerse en posición de ser el futuro rey.

Como Saúl fue cobarde y no quiso luchar contra Goliat, este exigió que enviara a un campeón, a un sustituto. Todos imaginamos cómo debe de haber reaccionado el gigante cuando David, un pequeño y aparentemente modesto pastorcito sin armadura, se presentó en el campo de batalla. La Biblia dice que el joven se negó a usar la armadura de Saúl, posiblemente porque nunca se la había puesto y porque quizá no deseaba mermar su agilidad. Su estrategia rebosaba de confianza. En mi opinión, el detalle interesante es que David se acercó a Goliat con un báculo de madera con el que ocultó la resortera y las piedras. Tal vez fue una manera de distraerlo para que no viera las verdaderas armas.

Esto nos recuerda que tu valor no está en lo que se ve sino en lo que está oculto. De acuerdo con varias interpretaciones, el báculo no era solamente algo que se usaba para pastorear al rebaño. Tradicionalmente, los pastores tallaban sus grandes logros en la base del mismo como testimonio de su identidad. Es posible que David llevara su báculo para recordar quién era, cuál era su nombre y cuál era su legado.

Tal vez el báculo le daba valor y equilibrio, o tal vez serviría para hacer creer a Goliat que podía despedazarlo de un solo golpe. Por supuesto, nunca lo sabremos porque David sacó su resortera, lanzó una piedra directamente al punto en medio de los ojos del gigante Goliat y lo asesinó con ese poderoso disparo.

David no escuchó a sus detractores, actuó como dueño de su destino y preguntó el clásico "¿Y si...". *¿Y si me enfrentara al gigante con mi ingenio y una estrategia, y ganara?* David se negó a permanecer en la fila de los últimos que la gente consideraría como futuro rey y se formó en la fila de los héroes y las leyendas.

Y aquí te voy a dejar.

Mi pregunta es, ¿qué pasaría si dejaras de preocuparte por tus detractores, salieras de tu zona de confort, aprovecharas el momento, permitieras que la grandeza te guiara y mataras a tu propio gigante? ¿Qué sucedería si llamaras a ese gigante y les hicieras saber a todos que tienes lo necesario para triunfar?

Cuando te permitas adoptar una actitud que te haga sentir que eres una persona ardiente y que el mundo está esperando que muestres lo que en realidad eres, te asombrará ver cuántos atemorizantes gigantes caerán a tus pies. Sé tu propio campeón, tu propio rey o reina.

Cree que naciste para la grandeza. Yo lo creí y las cosas salieron bastante bien. A ti te puede suceder lo mismo desde este momento, desde que veas lo que no habías notado y que solo está esperando que lo reveles.

Solo cree.

Agradecimientos

Para mí, trabajar en este libro no ha sido solamente una labor de amor. También ha sido una verdadera celebración de lo que puede suceder cuando un equipo conformado por los mejores jugadores se une para dar lo de mejor de sí. Estoy sumamente agradecido con todas las personas que me han ayudado a darle vida a *Flamin' Hot*.

Hay varias personas a las que me gustaría agradecerles en primer lugar porque, sin ellas, no estaría ya emocionado pensando en mi próximo libro. Permítanme expresar mi gratitud a las estrellas de rock de Dupree Miller, en especial a mis agentes literarias: Jan Miller, quien creyó en mí y en mi historia desde el comienzo, y Nena Madonia Oshman, quien con tanta entrega me ayudó a encontrar una casa editorial y quien me guio desde las primeras etapas.

Gracias a mi hijo Steven Montañez, quien fue mi consejero interno y gerente de proyecto en todas las fases de desarrollo de este libro. Cuando busqué un coautor, Steven me acompañó y me ayudó en el proceso de entrevistas y selección. Realmente estábamos buscando a alguien a quien pudiéramos sentir como parte de la familia, y esa persona resultó ser Mim Eichler Rivas. Mi más profundo agradecimiento, Mim, por tu pasión por la verdad y por extraer de mí historias que no le había contado antes a nadie. Me ayudaste a revelar lo que estaba oculto en las profundidades y me mostraste que, aunque pensaba que yo era una roca de dolor, en realidad era una pepita de oro. Cuando leí mis propias palabras en las páginas del libro, no pude sentirme más orgulloso ni satisfecho.

En Portfolio/Penguin, recibimos otro regalo: trabajar con nuestra intrépida editora Leah Trouwborst. Gracias, Leah, por tu visión y tu gran entusiasmo. Sin ti no habríamos podido cruzar la línea de meta. Mi constante agradecimiento también para el editor Adrian Zackheim y para la directora editorial Niki Papadopoulos por apoyarme a mí y a este libro. Gracias al resto del estelar equipo editorial: Kimberly Meilun (asistente editorial), Tara Gilbride (vicepresidenta, directora de publicidad y mercadotecnia), Lillian Ball (publicista asociada), Nicole McArdle (directora asistente de mercadotecnia), Jen Heuer (directora de arte y diseño), Susan Johnson (correctora), Ryan Boyle (editor senior de producción), Matthew Boezi (gerente de producción), Jessica Regione (editora administrativa senior) y Meighan Cavanaugh (directora de arte).

Aunque lo he mencionado en esta historia, me siento permanentemente bendecido de haber podido llevar a mis tres hijos conmigo en mi viaje del barrio a la sala de juntas del consejo directivo. Judy y yo estamos de acuerdo en que aprendimos tanto de ellos y de nuestros cinco nietos, como imaginamos que ellos aprendieron de nosotros. Sin sus opiniones y sus recuerdos de algunas de las historias que escribí, estoy seguro de que habría olvidado pasajes clave. Lucky (Richard Jr.), nuestro primogénito, recuerda todo. Lucky es un hombre extrovertido, ambicioso y carismático y demostró ser una superestrella en Frito-Lay, donde comenzó trabajando como conductor sustituto —un empleo que todos desdeñaban—, para gradualmente ir ascendiendo gracias a su esfuerzo, hasta alcanzar el estatus de ejecutivo de *merchandising*. Después de veinte años, Lucky dejó la empresa para fundar su propio negocio y, desde entonces, ha puesto en práctica todo lo que aprendió.

Desde muy pequeño, Steven mostró una sabiduría espiritual correspondiente a la de alguien de mayor edad, un poderoso sentido de la intuición y un gran corazón. Cuando mi negocio alternativo como orador, asesor de negocios y productor de entretenimiento comenzó a despegar, puse a Steven a cargo como presidente, lo cual me convierte, finalmente, en director ejecutivo.

Mike, quien nació un año antes del lanzamiento de los Cheetos Flamin' Hot, estuvo ahí desde el principio, cuando salíamos como familia a visitar todas las tiendas e iglesias para ayudar a generar la demanda del nuevo producto. Mike es extremadamente analítico, creativo y empático, y siempre ha tenido la tendencia a ayudar a aquellas personas en el mundo de quienes nadie espera nada. Cuando la fundación de nuestra familia creó un programa para donar miles de mochilas, zapatos tenis, útiles escolares y otros materiales educativos a grupos locales, Mike siempre buscó maneras estratégicas para expandirnos y colaborar con las agencias locales. No resulta sorprendente que haya terminado trabajando como consejero en una agencia de rehabilitación para alcohólicos y adictos, y que recientemente haya vuelto a la escuela para terminar su carrera como terapeuta.

Quiero brindar un agradecimiento muy profundo a cada uno de mis hijos, a sus parejas y a mis nietos. Asimismo, me gustaría expresar mi amor y aprecio por mi amada madre, quien falleció mientras se escribía este libro. Mi mamá estaba increíblemente orgullosa de lo que logré desde aquellos días en que me animó, primeramente, a ofrecerle un burrito a un compañero de clase para hacer un amigo, y en segundo lugar, a transformar lo que me hacía distinto en un negocio rentable. Ella conocía el verdadero secreto del éxito desde mucho antes de que yo lo averiguara.

En último lugar, pero no porque tenga menor importancia, debo mencionar que no habría libro de no ser por mi hermosa y amada Judy. Gracias por todo.

Sobre el autor

RICHARD MONTAÑEZ es un inventor, empresario, filántropo y ejecutivo cuyo inspirador viaje lo llevó del barrio a la sala de juntas del consejo directivo. Aunque es un orador motivacional sumamente solicitado, tal vez la gente lo identifique mejor como el creador de los Cheetos Flamin' Hot, una marca de miles de millones de dólares que se transformó en fenómeno mundial. Conocido también como el Padrino de la mercadotecnia hispana, Montañez comenzó a trabajar como conserje en Frito-Lay/PepsiCo antes de ascender por el escalafón corporativo hasta llegar a dirigir su propia división. Forma parte de varios consejos directivos de organizaciones sin fines de lucro y es reconocido ampliamente como uno de los latinos más influyentes en las corporaciones estadounidenses. Richard Montañez y su familia viven en el sur de California.